中华先烈人物故事汇

毛泽东

军事科学院解放军党史军史研究中心

学习出版社

目　录
Contents

引　子 / 001

01 少年立志 / 004

韶山冲的快乐时光 / 004

种下一颗革命的种子 / 009

02 青春之歌 / 018

在大哥指引下前进 / 018

水口山矿场入党 / 031

03 井冈星火 / 045

风雨兼程的战士 / 045

井冈山朱、毛会师的“特使” / 051
湘赣边最早的农村党支部书记 / 062
智勇双全的革命军指挥员 / 085

04 苏区红旗 / 099

赣西南打开局面 / 099
反“围剿”重任在肩 / 110
干革命坚持原则 / 115
守苏区浴血奋战 / 129

05 红林热血 / 144

06 尾　声 / 150

后　记 / 155

引　子

1959年6月，毛泽东回到阔别32年的故乡韶山。他走进上屋场的故居，在毛泽覃烈士的卧室久久端详着墙上的遗像，对随行人员说：“这是我泽覃六弟（家族排行）。泽覃很聪明，他的胆量比我还大哩！”也是因这次返乡，毛泽东写下了著名的《七律·到韶山》：“别梦依稀咒逝川，故园三十二年前。红旗卷起农奴戟，黑手高悬霸主鞭。为有牺牲多壮志，敢教日月换新天。喜看稻菽千重浪，遍地英雄下夕烟。”在那些“敢教日月换新天”的英雄里，就有他的弟弟毛泽覃。

毛泽覃1905年9月25日出生于湖南省湘潭县韶山冲，不到13岁就跟随大哥毛泽东到长沙读书，从此在大哥的影响下走上了革命道路。

从1918年离开韶山冲到1935年牺牲，17年间，毛泽覃组织过工人运动，开办过农民夜校；发展过党的组织，推行过土地革命；建立过革命武装，指挥过重要战役，为我们党和人民军队的早期建设作出了卓越贡献。

南昌起义后，他一直追随起义部队，后随朱德转战湘粤赣边，并受委派，从湖南资兴经茶陵到江西宁冈，联系率领秋收起义部队上了井冈山的毛泽东，成为朱、毛红军会师井冈的“特使”。

井冈山革命根据地初创时，他受领建设农村基层党组织的任务，从调查研究做起，开展深入细致的群众工作，加强革命教育和党的宣传，发展先进分子入党，建起了湘赣边界最早的农村基层党支部，带领群众打土豪、分田地，出色完成了土地革命试点工作。

中央苏区反“围剿”时，他承担后勤保障的重任，源源不断地向前线输送兵员、装备、钱粮；率部与兵力远胜于己的敌军周旋，为我主力部队一举歼敌争取了宝贵时间；还主持永（丰）吉（安）泰（和）特委工作，巩固了永吉泰地区的革命政权。

"左"倾错误路线占据上风时，他始终坚持实事求是，反对脱离实际的"左"倾教条主义，拥护、贯彻毛泽东等提出的正确革命路线，顶着巨大的压力为苏区建设奔忙操劳。

红军长征后，他留守中央苏区，面对国民党军队的重重围困，在物质极度匮乏的艰苦环境下转战山林，灵活机动地开展游击斗争，并教育身边的同志坚定革命必胜的信念，与敌人战斗到底。

1935年4月26日，毛泽覃率部突围至瑞金黄鳝口附近的红林山区，遭敌人包围，在战斗中英勇牺牲，将生命永远定格在29岁！

捷克作家尤利乌斯·伏契克在《论英雄与英雄主义》中说过："英雄——就是这样一个人，他在决定性关头做了为人类社会的利益所需要做的事。"毛泽覃就是这样一位英雄——为了中国人民的解放事业，为了中华民族的伟大复兴，一生栉风沐雨、披荆斩棘，对党忠贞不渝，对革命矢志不移，即使在最艰难、最危险的时刻也从未动摇。

01 少年立志

韶山冲的快乐时光

1905 年的中国处在一场历史大变革的开端，腐败无能的清政府日薄西山，西方列强肆无忌惮地侵占、掠夺，资产阶级革命派在日本东京成立中国同盟会，提出了“驱除鞑虏，恢复中华，创立民国，平均地权”的十六字纲领，革命的风暴正在中华大地上酝酿。

在位于湖南省湘潭、宁乡、湘乡三县交界的韶山山脉中，似乎还没有感受到山雨欲来的气息。这里层峦叠嶂、烟岚云岫，草木葱茏、山花烂漫，峰上雾霭缭绕，谷底溪水蜿蜒，似乎除了阵阵松风、声声鸟鸣，听不到外界的一丝音讯。

群山环抱之间，有一小块平地，散落着几处农舍、几方田亩，在此耕樵为生的人们把它称作“韶山冲”。韶山冲的毛顺生家，在1905年的秋熟时节迎来了他们最小的儿子。

这个在农舍中降生的小家伙哭声又响又长，族里读过书的老先生想起《诗经·大雅·生民》里有一句“鸟乃去矣，后稷呱矣。实覃实吁，厥声载路”，是说教民稼穑的后稷刚出生时哭声响亮悠长。毛家便取“覃”字的悠长之意，加上字辈，给孩子取名为“泽覃”。恰好再过几天就是重阳节，山脚溪边开满了菊花，又为他取字“润菊”。那时，族里的老人一定没有想到，这个孩子未来也会像后稷一样，为劳苦农民的幸福披荆斩棘、披肝沥胆，哪怕风刀霜剑加身，也如秋菊般傲骨铮铮、灿然怒放。

毛泽覃出生时，父亲毛顺生已经靠着精明的头脑和勤俭的操持攒下了一份还算殷实的家业，比他年长12岁的大哥毛泽东和年长9岁的二哥毛泽民都在私塾读书。父亲对两个哥哥非常严苛，让他们念私塾就是为了识字、打算盘，将来能为家里积累更多财富，所以哥哥们白天除了读书，还要干农活，晚上则在油灯下帮父亲记账。毛泽覃出生后，为了减轻家里的负担、照顾弟弟，二哥毛泽民更是不得不暂停了学业，直到弟弟3岁时才重新回到私塾。

也许因为毛泽覃是家里的老幺，父母和哥哥们都对他格外疼爱，让他没有像哥哥那样早早就扛起生活的重担，而是度过了一个无忧无虑的童年。

6岁时，毛泽覃被送到韶山清溪寺学堂读书，比两个哥哥发蒙的年龄都要小。在学堂里，小泽覃聪明机灵，先生讲什么，他都能飞快地领悟，平时又特别好学，所以成绩总是非常优秀，老先生和村里的长辈们没少夸奖他。

不过，只要一出了学堂门，毛泽覃的聪明机灵就全用到调皮捣蛋上去了——不是偷偷放跑家里养的猪，就是失手打碎桌上的碗；不是搞乱二哥刚收好的农具，就是弄脏母亲才洗完晾上的衣服……至于挥动小拳头和人打架，更是家常便饭。

毛家门前有一株枇杷树，每到春末夏初，枇杷成熟，满树都是金黄的果子，乡里的孩子们常常看得垂涎欲滴，却畏于毛家伯伯的威严不敢造次。一天放学后，毛泽覃正带着小伙伴们玩“打仗”的游戏，在楠竹沱的山坡上追跑、打闹，一个孩子问他：“润菊，你吃过那棵树上的枇杷没？好吃不？”小泽覃听了，立刻小手一挥：“走，我带你们去尝尝不就知道了。”孩子们兴高采烈地跟着他来到家门口，他领头就往树上爬，不一会儿便跨坐在枝丫上，伸手扯下一个枇杷送进嘴里。于是，其他孩子也都学着他的模样爬上树吃起来，甜甜的汁水流了满嘴满手。正吃得高兴，毛泽覃的母亲文素勤从地里回来了。孩子们一见，慌慌张张地抱着树干往下溜。看着这群淘气包，文素勤不但没有生气，反而急忙嘱咐他们：“小心些，别摔着！”等他们安全落地，又招呼他们在树下等着，用竿子打下好多枇杷，洗得干干净净的分给他们吃。母亲的温和慈爱、慷慨厚道在小小的毛泽覃心中种下了友善的种子，让他拥有了宽阔胸怀和仁爱之心。

韶山有一座“仙女茅庵”，建在韶峰北坡的半山腰上，可以俯瞰整个韶山冲。传说曾有 3 位女子在此潜心修道、炼丹医病，后来感动上苍，飞升成仙，韶山冲的百姓因为感念她们除病去痛的恩德，为她们修建了庵堂、莲座和炼丹炉，从此香火旺盛，祭拜的人四时不断、络绎不绝。家里的长辈都对仙女娘娘十分信服，常常前去供奉祭拜，以求身体康健、阖家平安，但年幼的毛泽覃却对鬼神之说毫无兴趣，更别谈信奉了。大人们带他去茅庵时，会带不少瓜果点心做供品，对着神像虔诚礼拜，他就在一旁玩耍，有时等别人走了，还偷偷拿供桌上的果品解馋。有一回，几名善男信女正在神像前念念有词地祝祷，突然听见神坛上有怪异的声响，以为神仙显灵，吓得磕头不止。直到躲在神像背后的毛泽覃忍不住"咯咯"笑出了声，他们才发现自己是被捉弄了，气得跑去毛家告状。毛顺生夫妇安抚了愤怒的乡邻，但拿这个天不怕地不怕的小儿子一点儿办法都没有。

对老大和老二，毛顺生夫妇俩多少还是放心的，可提起这个顽皮的老幺，却总是头痛不已。毛泽覃自小不爱听话，在毛家，他唯独对一个人服服帖帖，那就是大哥毛泽东。他信服大哥，崇拜大哥，就想时时刻刻跟在大哥的身后，听大哥说话，看大哥做事。很多年以后，毛泽东对这个弟弟儿时的情状还记忆犹新：“我这个弟弟天性机灵、淘气、顽皮，胆子大，脾气也暴躁，有时还挥动小拳头跟人家打架，天王老子都不怕，老虎屁股摸不得，父母管他不住，只有我能管住他，使他规规矩矩地听我的话……”

种下一颗革命的种子

当毛泽覃还是个懵懂孩童时，大哥毛泽东就已经开始接受新知识、新思潮的洗礼。小泽覃5岁那年，毛泽东离开家乡，前往戊戌变法之前兴办的新式学堂——湘乡县城东的东山高等学堂学习。

大哥离家的前一天晚上，清冷的月光映在院中，全家人聚在堂屋里，父亲坐在竹凳上默默地吸着旱烟，母亲拉着大哥的手千叮咛万嘱咐，二哥毛泽民则仔细地为大哥收拾行装。平时玩闹得一刻也停不下的毛泽覃这时候倒显得极为安静，似乎他也晓得大哥就要出远门了，不应该调皮捣蛋。

第二天一早，毛泽覃跟着父母把大哥送到路口。大哥弯下身子摸了摸他圆滚滚的小脑袋，轻声叮嘱道:“润菊，大哥走啦，你在家要听爸爸妈妈的话。二哥又要念书，又要下地干活儿，很辛苦，你也不能总捣乱呀。”毛泽覃抬头认真地听大哥说完，又用力点了点头，好像一下子长大了许多。

其实，毛泽覃淘气归淘气，但有两件事他却极为专注，一件是念书，另一件便是听故事。他在很小的时候就特别喜欢听大哥、二哥和乡里的叔叔伯伯“讲古”。每当大家在夏夜的场院里摇着蒲扇乘凉，或在冬日农闲时围着火炉取暖，小泽覃就会跑过来央求:“给我讲个故事嘛！”

大哥毛泽东小时候听爷爷讲了很多《大八义》《小八义》《彭公传》《施公传》之类的故事，念私塾后又读了《水浒传》《西游记》《三国演义》《隋唐演义》等小说，肚子里的故事就更多了。所以大哥讲的故事总是最新鲜、最生动的，毛泽覃也最爱听。每当听到英雄豪杰“杀富济贫”“除暴安良”，小泽覃就热血沸腾、激动不已，恨不得自己也化身为书中的人物，凭着一腔侠肝义胆荡平世间险恶。孙悟空保护唐僧西天取经的故事，毛泽覃也是百听不厌，那种即使遭遇千难万险、妖魔鬼怪也不屈不挠、奋勇前行的大无畏精神和英雄气概就在那时深深扎根在毛泽覃的心间。

大哥外出求学后，二哥毛泽民也学着哥哥的样子给毛泽覃讲故事，而且讲起来绘声绘色、滔滔不绝，时常令毛泽覃听得入迷。不过，小泽覃心里还是十分思念大哥。他觉得大哥跟别人都不一样，别人的话翻来覆去就那么几句，大哥的话却总是“崭新”的，是他从未听过的。

转眼时光过去了6年，毛泽覃渐渐褪去稚气，长成了一个英气勃发的少年。11岁的他已经能够体谅父母兄长的劳苦，也开始学着分担家务，放了学不再漫山遍野地疯跑，而是跟着大人到田间做一些力所能及的农活。

这一年的夏天，湖南的天气特别热，韶山更是热得如火烧般难耐，就算到了夜里，也不见一丝凉风。身体一直不大好的母亲文素勤因为积劳成疾，病倒在床上。二哥毛泽民衣不解带地照顾着母亲，毛泽覃也跑前跑后地帮忙。已在湖南省立第一师范学校学习了 4 个年头的大哥毛泽东听说母亲病重，等不及放暑假就匆匆赶回韶山。

听说大哥要回来，毛泽覃兴奋了好几天。大哥刚进家门，他就冲过去一把抱住不松手。毛泽东在韶山冲的日子里，终日侍奉在母亲身边，一边伺候饮食起居，一边挑些自己在长沙遇到的轻松有趣的事讲给母亲解闷儿。毛泽覃就搬个小竹凳，陪大哥坐在母亲的床前，津津有味地听着。

毛泽东很喜欢这个天真聪颖的小弟弟，母亲休息的时候，他就教小弟认字、写字，给他讲一些新鲜的知识和做人的道理。他还像从前那样给毛泽覃讲故事，除了小说、传奇，又增加了许多外面世界里真实发生着的事。比如，长沙米价高涨、民不聊生，军阀混战、百姓遭殃，兵匪横行、生灵涂炭；俄国工人农民闹革命；等等。

毛泽东认真地讲，毛泽覃用心地听。少年毛泽覃在乡里和学校接触过很多穷苦的孩子，目睹了他们的贫困生活，也见过官府与豪绅收税、催租、逼债，逼得许多百姓逃荒讨米、家破人亡。这

时候再听到大哥讲的时事，他的内心就如同被投下一块巨石，激起层层波浪，长久不息；又如同被盛夏骄阳炙烤，生出阵阵灼热，无法冷却。对军阀土豪的痛恨和对贫苦农民的同情油然而生，一股激昂的情绪在毛泽覃的胸中鼓荡，革命的种子由此播撒在心田。

大哥在家待了几天，毛泽覃就听他讲了几天的“故事”。有时候，毛泽覃听着听着就忍不住说：“大哥，我真想跟着你走，跟着你去看看外面的世界！”

不久，母亲的身体有所好转，毛泽东要返回长沙了。临行前，他将两个弟弟叫到一起，谈了很多很多。他先嘱咐二弟毛泽民：“我晓得你辛苦，但也要关注外面的大事，不能把心思都放在家里和田里。”接着又用严肃而温和的语气交代毛泽覃：“润菊，你不是很想跟大哥去长沙吗？大哥答应你，过几年一定带你去。但有个条件，爸妈年纪大了，身体不好，二哥一个人在家操劳，非常不容易，今后你要懂事，不惹爸妈生气，不让二哥担心。你能做到吗？”

“能做到！”毛泽覃认真地答应，“我一定听大哥的话，但大哥也要保证日后带我出去啊！”

“一言为定！”三兄弟握着彼此的手，相视而笑。

暮去朝至，寒来暑往，日子一天天过去，韶山冲迎来了1918年的春节，大哥毛泽东也放寒假回来了，空气中弥漫着喜气洋洋的味道。

一天吃过晚饭，大家围坐在火炉边，毛顺生老两口跟孩子们唠叨着去年的收成和明年的打算。毛泽覃听了一会儿，便觉得昏昏欲睡，于是蹭到毛泽东身边，眼巴巴地看着他说：“大哥，大哥，你说说外面的事呗，很久都没听过了。”

毛泽东微一沉吟：“行，我就跟你们说件事，不过不是长沙的事，而是北边俄国的事。”毛泽覃一听，立刻没了困意，直催大哥快讲。“去年11月，俄国爆发了‘十月革命’……”毛泽东详细地讲起来。时间缓缓流淌，不知道过了多久，只听毛泽东最后讲道：“……这样，俄国的工人、农民就成了国家的主人，有了自己的政府和土地，不用再受沙皇和资本家的压迫剥削了。”大家听完，竟没回过神来，屋里一片寂静，只有炉膛里燃烧的柴火发出“毕毕剥剥”的声响。这时候，毛家三兄弟还未真正了解俄国十月革命的性质和意义，更没有想到，在不久的未来，他们都将走上中国工农革命的道路，并为此奉献自己的一生！此时还不满13岁的毛泽覃虽然对大哥讲的“革命”并不是很理解，却非常向往，心中那颗革命的种子已经在悄悄萌芽。

第二天，天刚亮，毛泽覃就从床上蹦起来，跑去找大哥，摇着大哥的胳膊问：“大哥，你还记得前年回来答应我的事吗？”不等大哥回答，他又接上一句：“你今年就带我走吧，带我去长沙读书！”

毛泽东虽然答应过毛泽覃，但觉得现在他年龄还小，父母又一直很宠爱他，还是等几年再考虑，就故意板起脸说：“到长沙读书可不像在家里这样好玩、自在，要是不听话，老师不打你屁股才怪呢！”毛泽覃可不管这些，拍着胸脯道：“大哥，你放心。只要你带我去长沙读书，我一定听你和老师的，学好多好多知识。”被小弟缠得没办法的毛泽东只好妥协："好吧，但这件事我一个人做不了主，还得同爸妈商量一下。"

毛泽东找到父母，谈了毛泽覃想去长沙读书的事。母亲十分不舍："润菊从小没离开过我，说走就走，叫我怎么放心得下？"父亲则想得更实际："去长沙又得好大一笔花销吧？"毛泽东和缓地劝他们说："润菊也不小了，他脑子聪明，又有主意，去长沙上个好学堂，见见世面，将来肯定有出息。再说，还有我照顾他，受不了什么委屈。眼下我就要毕业了，开销也不会是大问题。"尽管老两口还是有点犹豫，但禁不住小儿子的央求和大儿子的劝慰，最终点头同意了。

毛泽覃离开家乡的时候，已是立春时节，虽然山坡上仍然光秃秃的，但小溪边的草地上已经泛出若有若无的绿意，他无比雀跃地迎来了生命中一个全新的春天。

02

青春之歌

在大哥指引下前进

1918年春天，毛泽覃进入湖南省立第一师范附属小学高十四班读书。毛泽东对这个小弟寄予了厚望，在帮助他尽快适应学校生活的同时，也对他提出了十分严格的要求，时常考查他的思想和学业，一有机会就给他讲解新思想、新观念，与他谈理想、谈人生、谈未来，希望他尽早成熟起来。

在毛泽东的教育和影响下，毛泽覃很快接受了革命思想，开始关注国家与民族的前途命运。他在学校里结交了志同道合的学友，课余总在一起谈论中国和世界的局势，抨击国家和社会的腐败。每当谈到鸦片战争以来中华民族的悲惨境遇，毛泽覃必然扼腕叹息，与好友立下誓言：“咱们一定要寻找救国救民的新路，拯救苍生黎民于水火之中！”

然而，沉浸在革命理想中的毛泽覃没有想到，接下来的两年对于他和毛家来说将是一段非常难挨的时光。

1919年3月中旬，二哥毛泽民给当时身在北京的大哥毛泽东去信：“母亲病重，速回！”毛泽东回到长沙后，立即安排毛泽民将母亲从舅舅家接到长沙。看到母亲高烧不退、茶饭不思，病情非常严重，兄弟三人心急如焚。他们四处寻医问药，日夜在病床前伺候，毛泽覃更是想着法子逗母亲开心。在三兄弟的悉心照顾下，母亲的身体终于略有好转，他们便搀扶着母亲到照相馆拍了一张合影，这是他们第一次，也是唯一一次陪同母亲照相。

过了夏天，母亲的病情又反复了，并且持续恶化。这时，毛泽东正在领导开展驱逐军阀张敬尧的运动，老人看大儿子日夜奔忙，小儿子学业紧张，不想拖累他们；又觉得自己身体越来越差，万一有不测，不能漂泊在外，得在祖屋闭眼，就让二儿子陪着自己回到老家养病。

10月初的一天，毛泽覃正在学校上课，大哥毛泽东突然赶来:“快跟我走，妈妈可能不行了!”毛泽覃大惊之下，跟着大哥日夜兼程直奔韶山。可当他们冲进家门时，见到的只有堂屋中央停放的一口棺木!二嫂哭着告诉他们:“两天前，妈妈临走时还一直喊着‘润之’‘润菊’……”

想到自己从此再也看不到妈妈的慈蔼面容，再也听不到妈妈的温言细语，毛泽覃泪如泉涌，扑向棺木放声大哭。

祸不单行的是，父亲毛顺生因为妻子的去世悲伤不已，身子骨也一天不如一天，仅仅过了3个多月就患了伤寒，一病不起，撒手人寰。

接连失去父母，毛泽覃不仅要承受感情的伤痛，而且要面对生活的窘迫。毛家的经济状况因为老两口患病，早已陷入困境，对毛泽覃的资助也中断了。这时，是大哥毛泽东负担起了毛泽覃的学习生活费用。毛泽覃知道，大哥在经济上也并不宽裕，为了补贴家用，还要去长沙修业小学教历史课。因此，他对大哥又增加了一份信赖与敬重。参加革命后，回忆起这段求学的经历，他曾多次深情地说："无父尊兄，我是把大哥当成父亲敬着的。"

在大哥的关爱和教导下，毛泽覃迅速地成长着。在长沙求学的几年里，他看到大哥参与创建指导湖南学生联合会的工作，成为"五四运动"在湖南的主要组织者和领导者；看到大哥主编《湘江评论》周刊，以报纸为阵地，发起了向帝国主义、封建主义和军阀政府的挑战；看到大哥苦读《共产党宣言》《社会主义史》，成为坚定的马克思主义者，创建了长沙的共产党早期组织……虽然毛泽覃还没有像大哥那样真正走上革命的道路，但反对强权暴政、追求平等自由的思想早就潜移默化地印刻在他脑海里。他始终牢记大哥在《湘江评论》创刊宣言中所说的："世界什么问题最大？吃饭问题最大。什么力量最强？民众联合的力量最强。什么不要怕？天不要怕，鬼不要怕，死人不要怕，官僚不要怕，军阀不要怕，资本家不要怕。"每当遇到贪图私利、欺辱良善的不平事，小小年纪的毛泽覃总会毫不犹豫地挺身而出、仗义执言。

有一年中秋节，毛泽覃和同学们吃过晚饭，

看到教工用餐的大厅里依然灯火通明，走近隔着窗户一瞧，只见餐桌上杯盘罗列，摆满鸡鸭鱼肉，围坐在桌旁的教员们正推杯换盏，好不热闹。同学们知道这是学校给教员提供的福利，都没当回事，可毛泽覃却觉得不对劲："你们看，怎么坐着的只有教员，没有校工呢？"有知情的同学说："你不懂，这是老规矩了。咱们学校逢年过节都要为教员专门准备酒菜，普通的校工是没有资格享用的。"毛泽覃听罢，怒目圆睁："凭什么？我得找他们说道说道！"他不顾同学的阻拦，立即找到负责这件事的熊姓庶务理论。熊庶务听他说明来意后，不耐烦地挥挥手："去去去，这都是学校的规定，你一个学生娃掺和什么？"毛泽覃可不怵："学生娃怎么了？学生娃也是学校的一分子，教员、校工都是学校的一分子，离开了哪个也不行。为什么一定要分三六九等呢？"熊庶务被他问得张口结舌，听说了这件事的工友们都私下里夸赞："这个伢子厉害呦，敢为我们这样的人抱不平。"

1921 年元宵节前，毛泽覃跟着大哥大嫂回到韶山冲。毛泽覃知道，这次回乡，除了给父母扫墓外，大哥毛泽东还有一件要紧的事——劝说二哥毛泽民和在邻乡当童养媳的堂妹毛泽建到长沙去。

果然，从墓地归来，毛泽东就提起了话头：“润莲（毛泽民字润莲），父母都不在了，家里只剩下你和四嫂（毛泽民的妻子，按家族排行被称为‘四嫂’），干脆不要种田了，你们和菊妹子（毛泽建）跟我一道去长沙，一面做些事情，一面补习文化。”

毛泽民自小没有离开过韶山冲，大哥、三弟在长沙读书、做事，他就踏踏实实守着家，让大伙儿没有后顾之忧，现在突然让他放下家里的一切，还真难下定决心。

毛泽东理解二弟对这份家业的不舍，细细开导说：“润莲，我们不能只想自己的小家，要多想想国家的大事，离开这个小家，是为了建立更好的大家，让千千万万人都有一个好得多的家，这是舍家为国、为民啊！”

见二哥迟迟不表态，毛泽覃沉不住气了，插嘴道：“二哥，听大哥的话没错！咱们兄弟三个就该联起手来，到外面闯一番事业，哪能一辈子都窝在韶山冲啊？”

听他这么一说，毛泽建先站了起来：“要去，我也去！这当童养媳的日子，我一天也过不得了！”

这下毛泽覃更兴奋了：“二哥，外面的世界大得很哩，大哥可是响当当的人物，北京、上海、南京、武汉都跑到了，还去了保定、徐州，到山东登了泰山，看了孔子庙和孟子的家……”他边说边观察二哥的表情，看到二哥的态度似乎有些转变，就又补上一句：“二哥，你不是常说我们三兄弟见面不容易吗？只要你肯去长沙，今后我们就能天天在一起了！”

大家被毛泽覃连珠炮似的发言逗得笑了起来，毛泽民也彻底被大哥和三弟说服，答应处理好家产和债务就前往长沙。从此，毛家四兄妹一同走出大山，走上了革命的道路。

回长沙后，毛泽覃仍在附小读书，毛泽建去伍家井崇实女子职业学校学习，毛泽民则担任附小的校务工作，住在第一师范校舍后的妙高峰。

一天傍晚，毛泽东和杨开慧带着毛泽覃来妙高峰看望毛泽民夫妇。饭后，兄弟三人漫步在月光下，谈起各自的近况。毛泽东先笑着对毛泽民说：“润莲出来了多好，学校对你是一片赞扬声哩！”又扭头问毛泽覃：“你学习怎么样？有什么志向啊？”毛泽覃抬头看看月亮，一本正经地吟诵道：“秦时明月汉时关，万里长征人未还。但使龙城飞将在，不教胡马度阴山！”毛泽东笑了：“润菊把王昌龄的诗记得这样熟，是要当大将军哩！”毛泽民也笑着说：“他从小就爱打仗！”毛泽覃听大哥、二哥开自己的玩笑，不服气了：“在乡里都是闹着玩的，将来我真的要带兵打仗呢！”毛泽东看他一脸认真的样子，也收起笑容，拉起两个弟弟的手，郑重其事地说：“润菊这个志向好，我们三兄弟，就是要为中华民族的解放事业、为天下的劳苦大众，舍生忘死地大干一场！”毛泽民和毛泽覃听得热血沸腾，跟着异口同声说：“大哥说得对！舍生忘死、大干一场！”

这一年，毛泽覃 16 岁。从这时起，他就投身到反帝反封建的伟大洪流之中。

1922 年秋天，毛泽覃进入湖南自修大学附设补习学校学习。湖南自修大学是中国共产党初创时期在长沙创办的一所学校，目的是传播马克思主义和培养革命干部，由毛泽东任教务主任。其附设的补习学校除了补习中学课程外，还十分注意引导学员学习马克思主义，研究中国的实际问题，为“革新社会”造就人才。

毛泽覃在这里如饥似渴地汲取着知识的养分，一边努力充实科学文化，一边积极阅读马列主义著作，提高自己的理论水平和思想觉悟，像《共产党宣言》《社会主义从空想到科学的发展》等书籍，他都读得特别用心、仔细。老师讲解马列经典著作的课程他更是从不缺席，从头到尾都听得十分专注，还记下非常详细的笔记。有了自己的思考或疑问，不是去找同学讨论，就是去找老师解答，不学透了不罢休。有一回，他因为外出开展工人运动调查，错过了几节课，回来听说老师讲了列宁的《国家与革命》一书，急坏了，赶紧利用课余时间，请老师帮他把课补上。

补习学校强调学员应该“图脑力与体力之平均发展，并求知识与劳力两阶级之接近”，鼓励学员深入工厂、农村调查研究。毛泽覃自己也认为

“读死书最无益”，常说“宇宙便是学校，万物便是课本，经验便是老师”。一有机会，他就跑到工厂和农村去，与工人、农民一同劳动，向他们学习请教。他去长沙码头办过工人夜校，去矿山参加过罢工斗争，在进行社会调查的同时，密切了与群众的联系，增加了社会阅历，丰富了革命实践。

这时的毛泽覃，不论学习还是思想，都在飞速进步，但他毕竟是个未成年的孩子，没有经受过革命的风浪，也不知道所处的环境到底有多险恶，时不时就会流露出顽皮的天性。

毛泽覃在补习学校学习时，和大哥大嫂一起住在长沙小吴门外的清水塘。这是一处二进三开间的砖木民居，门前有两口清澈的池塘，四周还有菜圃、瓜棚、小径，非常僻静。当时住在这里的还有毛泽建和另外两位青年学生。

年轻人活泼好动、好奇心强，没几天就发现了一些蹊跷事：大嫂杨开慧给大门的门环包上了布条，开门关门没有一丝声响；她每天出来进去，总要在堂屋的镜子前照好几次……最奇怪的是，大哥大嫂有一个小箱子，白天片刻不离身，晚上放在床上当枕头，出门的时候也要小心翼翼地藏好，似乎里面放了什么了不得的宝贝。

这一天，大哥大嫂都不在家，几个年轻人嘀嘀咕咕商量了一会儿，决定亲眼看一看，揭开箱子的秘密。他们轻手轻脚地溜进房间，从床底拖出箱子，四个小脑袋凑在一起，满怀期待地打开箱盖——咦，怎么只有一卷写了字的纸啊？看到什么宝贝也没有，几个人大失所望。刚打算把箱子放回去，毛泽覃眼珠一转，压低声音说："大嫂这么在意这个箱子，咱们就把它藏起来，吓唬吓唬她。"大家都是小孩子心性，自然不肯错过这个捉弄人的机会，便一致同意了。

没过多久，杨开慧回到家，一进门就直奔里屋找箱子，发现箱子不见了，脸色大变。但是，她没有声张，只是焦急万分地四处寻找。躲在屋外的几个捣蛋鬼看着大嫂心急如焚的样子，忍不住"扑哧"笑出声来。

听到这熟悉的笑声，杨开慧镇定下来，隐隐约约猜到了是怎么回事。她板起脸孔朝外喊道："润菊，你们几个进来！"声音虽然不高，却充满了威严，不像平时那样柔和。毛泽覃意识到自己可能闯祸了，不敢再开玩笑，低着头蹭进屋。杨开慧开门见山地问：“你看到大哥大嫂的箱子了吗？”毛泽覃赶紧点点头：“大嫂，你别着急，我这就给你拿来。”

毛泽覃交出小木箱，杨开慧这次没有立刻收起来，而是干脆打开放在桌上，问几个孩子：“你们知道住在什么地方吗？”

孩子们摸不着头脑：“大哥大嫂家啊。”

“这里是大哥大嫂的家，这里也是大哥大嫂干革命工作的地方！”

杨开慧话音刚落，就见几个孩子一脸紧张。她把语气放得和缓一些，指着箱子继续说：“箱子里的这些纸张是比生命还要宝贵的东西！你们都是青年团员，晓得为什么要革命。我们的敌人很狡诈，也很凶残，所以现在的革命工作需要万分小心。你们都有责任帮我保管好这个箱子。它要是被坏人弄走了，后果不堪设想！”

毛泽覃这时已经彻底明白了事情的严重性，他诚恳地向大嫂道歉：“大嫂，我错了。你放心，

今后我一定帮你们守护好这只箱子！”其他几个年轻人也都郑重作出了承诺。

后来，大哥毛泽东听说了这件事，专门把毛泽覃他们叫到跟前，进行了长时间的谈话，向他们强调了党的性质、纪律和保守党的秘密的重要性。毛泽东又特意加重语气对毛泽覃说：“你啊，年少无知！还得多多学习，多多锻炼！”

其实，对于这个小弟的思想和性格、长处和弱点，毛泽东了如指掌，不仅时时给予无微不至的关怀，而且一有机会就教育他、鞭策他。毛泽覃也十分明白大哥的苦心，大哥教给他的道理，他都牢牢记在心上；大哥指出他的缺点，他就老老实实改正，他无时无刻不盼望着能早日像大哥大嫂那样扛起革命的重担，为党的事业尽心竭力。

水口山矿场入党

时间一晃就到了 1922 年的冬季。一个平常的夜晚，天空阴云密布，透不出一点星光，寒风扫过窗棂，“呜呜”呼啸，池塘边的枯树上栖着几只乌鸦，间或发出“呀——呀——”的叫声，在漆黑的夜里听起来分外凄惨。清水塘青砖小院里的油灯下，几个青年和往日一样围坐在一起，凝神静气地倾听毛泽东和杨开慧分析当前的形势，讲述劳苦大众水深火热的遭遇。为了提高这些年轻学生的政治觉悟，也为了让他们对面临的革命斗争有更为清醒、直观的认识，毛泽东总是利用各种通过实地调查所获得的资料进行讲解。这一晚要讲的是湖南常宁水口山铅锌矿工人工作和生活情况的调查报告，这是毛泽东当年春末夏初亲自去水口山调查得来的。

毛泽东把报告交给毛泽覃：“润菊，你来读。”毛泽覃认真地念起来：“……在水口山铅锌矿，矿主、工头任意盘剥欺压，工人动辄得咎，连吸烟、大笑都会被罚工 5 日；矿山油米处卖给工人的粮食，也是大斗进小斗出，而且时常掺入沙土，煮出来的饭难以下咽……把头王继前逼着 7 个工人进入窿内一个矿洞宽大、岩石松裂的老砂棚里，站在用三根木柱子、几块木板子搭成的台子上，拿着锤子、钢钎凿岩石。凿着凿着，突然一声巨响，砂棚顶上垮下来一块巨大的石头，把7个人全部压在底下。附近巷道的工人闻讯赶来，设法把石块搬开一看，死者已经粉身碎骨……”毛泽覃攥着报告的双手不自觉地越握越紧，“……工友们怀着极其沉痛的心情，从碎石中把死者的骨肉一点一点收集起来，分成7份，用草纸包着捧出窿口。死者的家属扑倒在上面，呼天喊地，悲痛欲绝。可是，工厂主不但不给家属抚恤金，还把他们赶出矿区。孤儿寡母无家可归，只能拖儿带女流落街头……”念到这里，毛泽覃一拳捶在桌上，忍不住呜咽出声，其他几个年轻人也满脸是泪。

等大家擦干眼泪，稍微平复了心情，毛泽东从桌前立起身来，目光缓缓扫过一张张年轻的面庞，沉声说道：“我们应该为他们流泪，但仅有同情的泪水是没用的！我们要想一想，工人阶级为什么这样苦？有什么办法来解救工人的苦难？眼泪救不了穷人，只有推翻这个吃人的社会，才能使劳动人民获得解放！”接着，他要求大家各自写一篇学习心得，写出自己的体会和思考。

毛泽覃回到房间，铺开纸张，陷入了沉思。夜越来越深，他房间的油灯迟迟没有熄灭，他的身影映在纸窗上，时而搁笔静坐，时而奋笔疾书。第二天一早，他就把自己的心得递到了大哥的案头，心得的最后以流畅的笔迹写着：“我要把自己的一切都交给劳苦大众，把自己的每一滴血都洒在无产阶级的解放事业上！”

1922 年下半年，湖南工人运动在毛泽东的领导下达到高潮。年底，水口山铅锌矿工人俱乐部成立，急需党的领导。毛泽东思量再三，决定派毛泽覃前去。这个小弟弟在自己身边 5 年了，5 年来，他每一天都在进步，不仅学习刻苦，而且逐渐承担起自己和青年团交付的工作，干得很是出色。毛泽东非常了解这个弟弟：从小顽皮，天不怕地不怕，长大后更有一股冲劲，就该到工人运动的风口浪尖去闯一闯。更何况，学习了水口山的调查报告后，毛泽覃也不止一次地表示想投身矿山，为工人阶级的解放而战斗，这不正是一个锻炼的机会吗？

征得党委的同意后，毛泽东唤来毛泽覃，严

肃地说："润菊，现在我是代表湘区党委跟你谈话，要交给你一项非常重要的任务。"毛泽覃眼睛一亮，兴奋地问："什么任务？""水口山的工人运动迫切需要党的领导，组织决定派你去那里，配合蒋先云同志工作。"毛泽覃听说是要去那个总让自己耿耿于怀的地方，立刻激动地回答："是，保证完成任务！"

虽然毛泽覃已经有了一些革命斗争的经验，但这毕竟是他第一次远离兄长执行任务，毛泽东多少有些担心，便再三叮嘱他："润菊，这次你自己去水口山，没有大哥在身边，遇事一定要冷静，要注意工作方法。那里的斗争形势很复杂，你要提高警惕，思想上做最坏的准备，行动上力争最好的结果。"毛泽覃点点头："嗯，大哥，你放心吧，我一定会谨慎行事的。"看着日渐沉稳的小弟，毛泽东打心眼里高兴，用力拍了拍毛泽覃的肩膀："去吧，去在斗争中壮大党的队伍，使工人阶级更加紧密地团结起来，捏成一个有力的铁拳头，砸烂吃人的旧世界！"

1923 年春天，湘江岸边桃花盛开，毛泽覃和另外几位同志就要乘坐去衡阳的小火轮离开长沙了，毛泽东和杨开慧带着孩子毛岸英到码头送行。

这只跟随自己飞出韶山冲的小鹰如今要独自翱翔了，毛泽东满怀期许和骄傲，临别前还在仔细嘱咐毛泽覃："到了水口山，要好好锻炼和改造自己，要下到最底层，到敲砂棚敲矿，到矿棚里劳动，和工人同吃同住，与工人交知心朋友，这样才能领导好工人运动……"相比之下，大嫂杨开慧则更多了些不舍和疼惜："润菊，矿区不比在家里，大哥大嫂不在身边，你可一定要照顾好自己啊！"

船就要开了，毛泽东最后叮咛道："要按党员的条件要求自己，学习工人们的优秀品质，你们这些穿长衫的一定要与穿短衣的人结合起来！"还不到半岁的岸英在妈妈怀里发出"咿咿呀呀"的声音，似乎也在与三叔告别。毛泽覃轻轻摸了摸他的小脸，又冲大哥大嫂挥了挥手："大哥大嫂，我走了，你们的话我都记住了，你们自己也要多保重啊！"随后转身踏上甲板。

一声汽笛长鸣，轮船离开码头，沿着湘江缓缓向南驶去……

在衡阳下了小火轮，毛泽覃他们又乘坐小木船前往松柏，蒋先云同志派人在那里迎接他们坐摇车到达水口山。

水口山是当时中国最重要的铅锌产地，水口山矿则是湖南境内最大的省立官办工业企业，有3000多名工人。来到水口山铅锌矿后，毛泽覃担任了工人俱乐部教育股委员兼工人学校教员，并负责青年团的工作。尽管他还不满18岁，但已受毛泽东和杨开慧教育熏陶多年，也算是年轻的“老革命”了，所以在认真了解了水口山的现状和工人斗争形势后，就迅速厘清了工作思路：白天给小学部的孩子们讲课，教这些工人的子女读书、识字；晚上给补习部的工人们讲课，一边传授科学文化知识，一边以此为掩护，宣传革命思想。他还与教育股的同事一起举办了工人骨干训练班，向经过罢工斗争考验的工人积极分子进行阶级斗争、共产党、无产阶级革命和社会主义、共产主义等基本知识的教育，提高他们的阶级觉悟。

在水口山的日子里，毛泽覃始终谨记大哥毛泽东的教诲——搞工人运动，首先要和工人做朋友，真正理解他们的痛苦和需要。不上课的时候，他就直接联系矿山机械科的工人和团员，深入敲砂工棚和机器间参加劳动，还和工人们一道下矿井采掘矿砂。在这里，他很快褪去了学生的稚气，皮肤变黑了，嗓门变大了，手上也生出了厚厚的老茧，扎在工人堆里很难辨别出来。工人们喜欢这个不怕吃苦又有学问的后生，心里有了烦难事都愿意跟他聊一聊。没过多久，毛泽覃就和工人们打成一片，还与机械科的工人积极分子宋乔生、陈梅生等成为知心朋友，常常在一起干活、谈心、学习，建立了深厚的革命友谊。陈梅生有一把珍藏多年的漂亮短镖，是自己精心制作的，都舍不得给别人看一眼，却特意赠给了毛泽覃。

毛泽覃与工人谈心，从来不说空话套话，也不用文绉绉的词句，都是朴素而有道理的大白话，工人们一听就明白。有天晚上，讲完工人夜校的课程，大家还不愿离开，毛泽覃就走下讲台，和工友们交流起来。一开始，大家都说些做工的辛苦、生活的艰难，有的老工人无奈地叹着气："唉，这都是咱们命不好，没有托生到好人家。"说着说着，就有人抹起了眼泪。毛泽覃看得心中悲愤，不禁站起身来，大声说道：“挖煤的工人没有煤烧，织布的工人没有衣穿，做田的农民没有谷吃，不是我们生来就穷，是这个社会太不公平！”接着，他又唱起了从一位老矿工处学来的《打砂歌》：“打砂苦，打砂难，背打驼，肉打干……”渐渐地，越来越多的工友加入进来：

打砂苦，打砂难，背打驼，肉打干。
桐油灯盏岩上挂，年年月月吃油烟。
饥肠辘辘好难过，一根草绳腰上缠。
没得力，歇一锤，监工抽我五竹鞭。
活着打砂活受罪，碰到瓦斯命归天。
一天从早打到晚，只得三升糙米钱。
等到明天不能打，老板把我踢出山。

低沉而有力的歌声久久回旋，墙壁上的桐油灯忽明忽暗，工友们脸庞上的表情一点点由悲伤变成愤怒、由迟疑变得坚定，工人阶级已经觉醒，革命的力量正在汇聚。

这段时间，大哥毛泽东也没有忘记对毛泽覃的关心和帮助，经常来信鼓励他，又给他寄来党刊，让他能了解最新的形势，学习最新的理论。水口山矿党支部书记蒋先云同志比毛泽覃年长3岁，曾经担任江西安源党组织的负责人，参与领导了著名的安源路矿工人大罢工，有着丰富的工人运动经验。在他的直接领导教育下，毛泽覃的思想觉悟不断提高，工作成效更加显著。1923年10月，水口山党组织经过慎重考察和研究，通过了毛泽覃的入党申请，毛泽覃正式成为一名光荣的共产党员！

在蒋先云和毛泽覃的领导下，水口山铅锌矿的工人运动开展得非常活跃，引起了敌人的极大恐慌。1923年11月27日，湖南军阀赵恒惕派亲信宾步程带着反动武装突袭水口山矿，包围了工人俱乐部，抓捕了一批工人骨干和积极分子。当时毛泽覃正在同工人谈心，得知消息，首先迅速处理和转移了党的文件，紧接着指挥工人与反动军警展开斗争。面对敌人的嚣张气焰，宋乔生、陈梅生等许多工友冒险赶来，找到毛泽覃说："毛教员，敌人是冲着你来的，还是躲避一下为好，矿上的地形我们熟悉，快跟我们走吧！”说完，就领着毛泽覃巧妙地隐藏起来。

1924年春天，毛泽覃被调回长沙，担任中国社会主义青年团长沙地方执行委员会书记。此时正值第一次国共合作刚刚形成，席卷全国的大革命风暴即将兴起。在中共湖南区委的领导下，毛泽覃与其他青年团领导人肖述凡、萧子璋、田波扬等积极向广大学生和工农青年展开宣传和动员。他们公开宣言——“青年乃人生最宝贵之时期，一生的理想和事业皆须于青年时代树立深固基础”；他们大声疾呼——“科学所以启人理智，艺术所以表现感情，体育所以强健身躯，皆人生之需要，尤青年所当为”；他们发出号召——青年们应做到“凡社会恶习，概行屏绝”，以求“立身之不苟”……许多追求进步的青年在他们的引导下走上革命的道路，长沙团的组织不断壮大。毛泽覃主持长沙团地委工作时，还成立了青年妇女学艺社，出版了《青年妇女》，动员广大青年妇女参加革命活动。

毛泽覃在长沙大展拳脚的这一年，也是大哥毛泽东在国民党上海执行部面对国共合作繁重任务和复杂形势的一年。当又一个春天来临的时候，毛泽东因过度劳累病倒了，中共中央批准他回湖南休养。

在长沙，毛泽东遇到了因阑尾炎从安源回来治疗的毛泽民，兄弟俩决定一起重回韶山冲。没过多久，毛泽覃也回到了故乡。虽然韶山的冬天又湿又冷，但三兄弟久别重逢，满心都是温情快意，病痛和严寒早被抛到了脑后。

当时刚过春节，还没出正月，乡亲们农闲无事，都来看望许久未见的毛家三兄弟，兄弟三人也时常去十里八乡串门、拉家常。在与乡民们深入广泛的接触中，他们逐渐摸清了韶山及周边地区农民的生产、生活情况以及农村的阶级状况，也寻找机会向乡亲们讲述国家的政治形势、农民穷苦的原因和摆脱贫困的办法。在他们的组织下，韶山开始出现秘密农民协会。

农民发动起来了，提高他们的思想觉悟是当务之急。军阀赵恒惕在湖南提倡平民教育，三兄弟就抓住这个机会，以合法的形式开展活动。他们以原有的公立学校、族校、祠堂等为场所，在湘潭推

动建立了 20 多所夜校，既教识字、珠算，也讲国内外大事；既发展平民教育，也传播革命思想。

毛泽覃到银田镇的白庙开办农民夜校，借小学的教室做夜校的课堂，白天给小学三年级的学生上课，晚上给附近村子里的农民上课。有了在水口山铅锌矿工人夜校的教学经验，他在农民夜校干得更加游刃有余。课堂上，他最喜欢用讲故事的方式吸引大家，例如《水浒传》中李逵的故事、《西游记》中孙悟空的故事等，都是他自己小时候最爱听的，总能信手拈来、生动演绎，把大家听得定住了神。讲完故事后，趁大家兴致正浓，他便把话题转向现实，给大家讲帝国主义的侵略与掠夺，讲土豪劣绅的压迫与剥削，耐心启发大家的阶级觉悟。

在毛家三兄弟的引导下，韶山冲不再是一个封闭的小山村，革命的洪流涌入山间，惊醒了被压迫已久的劳苦农民！

03 井冈星火

风雨兼程的战士

1925 年秋天，毛泽东遭到军阀赵恒惕的通缉，离开韶山，前往广州。毛泽覃也追随大哥到广州从事革命活动，被安排在刚成立一年多的黄埔陆军军官学校任政治部科员。

当时的广州是全国革命的中心，国共合作的革命统一战线发展顺利，国民政府和国民革命军已经成立，上海五卅运动后掀起的省港工人大罢工正开展得轰轰烈烈。年仅 20 岁的毛泽覃血气方刚，身处这大好的革命形势，不由得心潮澎湃、热血沸腾，以十二分的热忱投入紧张的革命工作。

这年秋冬，毛泽覃担任了中共广东区委组织

部秘书。在广东区委领导陈延年、周恩来、张太雷等人的身边工作，毛泽覃时时能感受到他们丰富的斗争经验和卓越的革命智慧，并以他们为榜样，迅速地成长起来。广东区委组织部只有一个部长和十几名工作人员，秘书实际上相当于负责日常事务的副部长。年轻的毛泽覃毅然挑起这副重担，努力协助刚从苏联归来的组织部部长穆青开展工作，不仅指导广东各地先后成立了地委、县委组织，而且兼管广西、福建等地党的组织建设。

在广州，毛泽覃结识了中华全国总工会的委员长林伟民、副委员长刘少奇以及执行委员苏兆征等人，执行委员邓中夏、李立三更是他早就认识的熟人。在大家的一致赞同下，毛泽覃又进入省港罢工委员会工作。

然而，革命的道路从来都不是一帆风顺，满怀激情的毛泽覃还没有意识到，国共合作已经暗流涌动，一场针对中国共产党的血雨腥风即将扑面而来。1926 年，国民党右派先后制造了排斥共产党人的“中山舰事件”和“整理党务案”，将毛泽东、周恩来等共产党人从国民革命军第 1 军和国民党中央排挤出去。生死存亡之际，当时的中共中央却对国民党右派采取了妥协退让的政策，大大助长了他们的反革命气焰，使他们得以更加肆无忌惮地破坏大革命、迫害共产党人。

1927 年，继蒋介石在上海发动四一二反革命政变之后，广州也发生了四一五反革命政变，大批优秀的共产党人惨遭屠杀，广东大地顿时笼罩在一片白色恐怖之中。毛泽覃遵照党的指示，与妻子周文楠乘船经上海向武汉转移。

此时的上海四处“清党”，沿江各地的形势也不大好，在上海任中共中央出版发行部经理的毛泽民马上就要被调去武汉，继续负责党的出版发行工作。路过上海的毛泽覃夫妇见到了二哥，与他一同乘船前往武汉。已有地下革命斗争经验的毛泽民叮嘱毛泽覃：“润菊，咱们分头登船，装作互不认识，等到了船上再攀起老乡。”毛泽覃点头答应。

上了船，兄弟俩一打照面就寒暄起来。两人都声称自己是做生意的商人，再说两句，竟发现彼此是同乡。毛泽覃客气地问：“老板贵姓？”

毛泽民谦逊地笑笑："鄙人姓杨。"毛泽覃随即拱了拱手："幸会幸会，杨老板！"两人就顺势坐在了一块儿，还拿出一本孙中山先生的书作为掩护，一边翻看，一边交流。

江轮逆水而上，航行了四五天，不时可以听到沿岸传来的枪炮声。中途只要一停靠码头，就很长时间不能起航。毛泽覃和二哥常常站在甲板上眺望江岸，虽然面色平静，心中却如波涛翻涌，不知此去武汉将面临怎样的形势，也不知我们年轻的党将要如何在这惊涛骇浪中艰难航行。

好不容易到了汉口，他们又乘渡轮去武昌，在都府堤41号找到了大哥毛泽东的家。这段时间，毛泽东一直在为中国革命的前途担忧，终日愁眉不展，弟弟、弟媳的到来让他露出了久违的笑容。他高兴地把弟弟、弟妹都留在家里住，大嫂杨开慧也热情地招待他们，带着毛岸英、毛岸青和刚出生的毛岸龙来见叔叔婶婶。岸英、岸青两个小家伙一下子抱住毛泽覃，搂住他的脖子，让他讲故事。小院里传出阵阵欢快的笑声，打破了长久以来压在大家心头的阴霾。

但是，严峻的斗争形势不容他们畅叙家常。简单的家宴后，三兄弟又谈起了革命的现状，毛泽东沉重地对两个弟弟说："和平的日子不多了，我们三兄弟在一起的日子不多了。"他们彻夜分析局势，商量各自的打算，毛泽覃十分坚定地表示要去军队，拿起枪跟反动派战斗到底。

根据毛泽覃的意愿，党组织将他派往国民革命军第4军政治部，任上尉书记官。此时，武汉的汪精卫正在与南京的蒋介石加紧勾结，准备公开叛变革命，形势一天比一天紧张。毛泽覃在汉口的国民革命军中夜以继日地工作，只是偶尔才回家住一两个晚上，看看已经身怀六甲的妻子。

反革命的力量日益膨胀，武汉三镇已是黑云压城，中国共产党面临着何去何从的选择，毛家三兄弟同样面临着何去何从的选择。6月的一天，毛泽东特意把两个弟弟叫到家中。一家人围坐在方桌旁，做出打麻将的样子，低声分析当前的形势，决定各人今后的去向。毛泽东对弟弟们说："汪精卫一伙儿肯定要叛变革命，我们不能在这里等着别人屠戮，要尽快转移，或者跟部队走，或者回湖南去，要同革命的军队和人民一道，为挽救革命而斗争！”

毛泽覃似乎早有打算，立即提出：“部队准备往江西方向开，我想跟着部队走。”毛泽东和毛泽民都表示同意，并决定由毛泽民护送怀有身孕的周文楠回长沙。

临别之际，毛泽覃望着妻子，半天没有吱声，过了好一阵才缓缓说道：“文楠，我要跟随部队行动，不能照顾你了，你自己要多保重，把孩子平安地生下来。”周文楠的眼里泛起了泪光，但她昂起头，没让眼泪掉落，反而冲毛泽覃微微一笑：“泽覃，别担心我们，倒是你自己一人在外，要多加小心！”不等毛泽覃答话，她捧出一件崭新的绸布衣服：“这是我刚给你买的，你身上那件已经穿了很久，该换换了。”毛泽覃接过衣服，再一次轻轻抚了抚周文楠的秀发，转身踏上了新的征程。他们没有想到，此地一别，竟再无相见之期。

这一年的农历九月初，周文楠接到了毛泽覃的家书。毛泽覃在信中询问孩子出生的情况、健不健康，还告诉妻子，部队被打散了，他与大家失去了联系，不得已卖掉了那件绸衣服。此时，毛泽覃一直惦记的孩子已经降生，妻子为他取名毛楚雄。虽然这个孩子从未见过父亲，但他与父亲一样把生命献给了中国革命。1946 年 7 月中旬，毛楚雄在赴西安的途中牺牲，年仅 19 岁。

井冈山朱、毛会师的“特使”

1927 年 7 月，毛泽覃随国民革命军第 4 军到达江西九江。此时，汪精卫在武汉发动了七一五反革命政变，公开叛变革命，又到庐山同国民革命军第二方面军总指挥张发奎召开秘密的“反共”军事会议，决定实施“清党”，逮捕驻九江第 4 军政治部中的共产党员。危急时刻，第 4 军参谋长叶剑英获悉了这一阴谋计划，并迅速转告军政治部主任、共产党员廖乾五。廖乾五立即通知有关人员转移，毛泽覃处理完自己负责的党内工作后，也化装离开九江，赶往南昌，准备参加武装起义。

可是，由于从九江至南昌的南浔路沿线到处

驻有敌人的部队，毛泽覃的行程时时受阻，等他赶到南昌城下时，起义的枪声已经响过，起义军也已离开南昌，计划取道临川、宜黄、广昌，向广东进军。

在南昌城门口，戒备森严的反动军警发现了行色匆匆的毛泽覃，觉察他与来往的普通百姓不太一样，便上前阻拦："站住，你是干什么的？"毛泽覃收住脚步，瞥了几个士兵一眼，不慌不忙地掀开长衫，露出里面衣服上的第 4 军军部上尉书记官符号。士兵们看他气定神闲，又有如此来头，赶紧放缓了语气，请他去见上司。毛泽覃见到负责城门防卫的军官，一脸不快地说："我奉军部命令，来此执行要务。阁下若是扣留我，贻误了战机，会有什么后果，不用我啰唆吧？"军官被他神色倨傲的模样唬住，不敢怠慢，只是讲了几句场面话，就客客气气地把他送出了门。

脱离险境后，毛泽覃立刻顺着起义大军南下的路线追赶。为躲过敌人在沿途设立的关卡、岗哨，他翻山越岭，抄小道行走。脚走烂了，钱用光了，连食宿都成了问题，他只好卖掉身上的长衫，换几块钱做盘缠，继续赶路，终于在临川县的边界追上了起义部队。然而，迎接他的却不是同志们的嘘寒问暖，而是几个黑洞洞的枪口：“不许动，举起手来！”原来，是起义军的哨兵最先发现了毛泽覃，他们见毛泽覃衣衫褴褛、满面尘垢，远远尾随着部队，便怀疑他是敌人派来的奸细。毛泽覃反复解释：“我不是奸细，是从南昌来找大部队的。”充满了警惕的哨兵们丝毫不为所动，硬是把他绑起来押往指挥部。

跨进指挥部的大门，迎面正碰上中共中央前敌委员会书记周恩来。周恩来一眼认出了这个在广州就熟识的小伙子，十分惊讶：“毛泽覃同志？你怎么在这里？这是怎么回事？”毛泽覃也大喜过望：“周恩来同志，可算找到你们了！”负责押送的战士这才意识到真的抓错人了，连忙放开毛泽覃，红着脸向他道歉，毛泽覃却不在意：“哈哈，不要紧，要不是你们，我还没这么快找到组织呢！”

寒暄过后，毛泽覃把自己这段时间的经历向周恩来作了汇报，周恩来便派他到叶挺为前敌总指挥兼军长、聂荣臻为党代表的第 11 军政治部工作。起义军在临川休整后继续南下，毛泽覃随第 11 军参加了会昌激战，攻占了福建汀州，转战至广东潮汕地区。9 月 23 日、24 日，起义军主力攻占潮州、汕头，毛泽覃就留在潮汕地区做宣传工作。没想到，仅仅过了一个星期，9 月 30 日，驻潮汕的起义军就遭到敌人优势兵力的围攻，损失惨重，不得不撤出分散行动。毛泽覃随一部分队伍约 200 人转移至紧邻福建的饶平，与朱德、陈毅率领的从三河坝撤下来的起义军部队会合。

10 月中旬，朱德率起义军余部 2500 余人在福建武平击退尾追的敌军一个师，但由于各种战斗和非战斗减员，战后仅存 1500 余人，枪不足 1000 支。这支孤军外无援手、内无给养，伤病员得不到有效治疗，官兵们饿着肚子行军，临近寒冬还穿着单衣草鞋，有的甚至是短裤赤脚，悲观失望的情绪弥散在前进的道路上，不断有人中途离开……

部队到达赣南天心圩后，为稳定情绪、鼓舞斗志，召开了军人大会。河滩边的榕树下，朱德的语气沉重但有力:“……中国革命现在失败了，也是黑暗的，但黑暗也是暂时的……只要保存实力，革命就有办法！”听了朱德的讲话，毛泽覃的心中仿佛燃烧起熊熊烈火，对革命的未来充满了必胜的信念。朱德提出“要革命的，跟我走，不革命的可以回家，不勉强”，毛泽覃毫不犹豫地留下来，并在随后转战湘、粤、赣边的艰苦斗争中积极协助朱德、陈毅做好部队的思想工作。

千里转战，朱德一直惦记着给起义军找一个合适的“落脚点”。没过多久，他从赣南特委来人那里听到了毛泽东带领秋收起义队伍上井冈山的消息，立刻找陈毅商量:“井冈山易守难攻，敌人势力薄弱，如果去那里与毛泽东会合，一定可以保存、壮大革命力量。”陈毅深表赞同。朱德担心在毫无沟通的情况下贸然把部队带去不妥当，想找个人先去井冈山建立联系，陈毅乐呵呵地说:“要去找毛泽东，有一个人最合适！”“谁?”“毛泽东的弟弟毛泽覃！”朱德也笑了:“果然合适！”他派人把毛泽覃请来，开门见山地说:“毛泽覃同志，听说毛泽东同志已经领着秋收起义的部队上了井冈

山，在那里创建革命根据地。我们想派你做个‘特使’，去井冈山找到你大哥，把我们这里的情形向他汇报一下，看看是否能将两支队伍联合起来。”

突然听到大哥的消息，毛泽覃惊喜万分，但他更清楚自己此去不是单纯的兄弟重逢，而是肩负着两军联络的重任。他向朱德、陈毅郑重敬了一个军礼：“是，我马上出发！”

要想瞒过敌人的眼线耳目，顺利到达目的地，必须有一个“合法”的身份。毛泽覃想起同情革命的国民党第16军曾给起义军补充过冬装，就找来国民党的军服穿上，又化名“覃泽”，为自己打造了第16军团部副官的身份，还准备了相应的军官证件。

初冬时节，毛泽覃带着他的特殊使命，穿过一道道关卡，来到了茶陵与宁冈交界的坑口。他故意张扬，先与地方上的当权人物打交道，其中就有坑口的反动民团团长。这个团长听说来了一位国民党正规军的长官，忙不迭地率领一帮土豪劣绅出来迎接。他先是毕恭毕敬地请教毛泽覃的姓名、官职，又验看了证件，确认无误后，态度更加谄媚：

“长官驾临，鄙人实在荣幸之至，今晚略备酒水为您接风，万望赏光！”毛泽覃也不推托，一口答应下来。到了晚间赴宴，他不客气地占了首座，与席上众人推杯换盏、谈笑风生，饭后还让人陪着打了几圈麻将。反动团长看毛泽覃颐指气使的做派，心下更无怀疑，说话就口无遮拦起来。不一会儿，毛泽覃就打听到这里还驻扎着一支井冈山的连队。

原来，工农革命军已经攻占了茶陵县城，但茶陵距井冈山还有一二百里路，前后方的交通联络十分不便。为了建立通畅的联系，掩护、接送伤病人员，防止反动地主中途袭扰，工农革命军就派出一个尚未暴露身份的连队，以“维持地方治安”的名义驻扎在坑口。毛泽覃得知这一信息后，意识到这是与大哥见面的唯一渠道，决定冒险接近这个连队。

一天，他趁敌团长不备，设法找到连队驻地，亮明了身份：“我从南昌起义军中来，有重要的情况必须向毛泽东当面汇报！”连长看着毛泽覃所穿的国民党军服，刚开始还有所怀疑，但几番交谈下来，发现他对起义军非常了解，尤其是对毛泽东同志相当熟悉，就基本确定他所言不虚，立即派人把他送上了井冈山。

毛泽东正在茅坪河边与几位同志谈心，突然接到报告说有人上山找他，现已等在攀龙书院门口，便连忙向书院走去，远远看见一个熟悉的身影，竟是三弟毛泽覃。毛泽东大步上前，一把抱住毛泽覃："润菊！你怎么来了？！"

毛泽覃见到日思夜想的大哥，激动得不知从何说起，只叫了声"大哥"就哽住了。毛泽东安慰地拍了拍弟弟的脊背，笑着向身边的人介绍说："这是我三弟，莫看他穿了一身国民党的军衣，也是一名共产党员哩！"说罢又牵起毛泽覃的手："来来来，咱们进屋说话。"

兄弟俩坐定，毛泽覃的心情也平复下来，细细地向毛泽东讲述起自己南下后的经历以及朱德、陈毅部队的情况。毛泽东听完，关切地问道："朱德同志他们有什么想法？"

毛泽覃说："朱德同志想找个既能屯兵，又能打仗的地方，所以才让我来找你联系，看这里怎么样？"

毛泽东一拍大腿，兴奋地说："这里很好哇！这里进山有奇险可守，出门四处可攻，地盘也大，群众基础也好，藏他千军万马不成问题！"接着，他又慨叹："润菊，上山以后，我一直在打听你的下落，也一直在找南昌起义的队伍。现在总算有了同志们的消息，我真巴不得他们今天就上山来！"

两支革命的军队终于建立了联系，毛泽覃出色地完成了自己的"特使"任务，半年来一直紧绷的神经也稍稍松弛下来，与大哥吃完晚饭后，便一起出门散步。两个人一边走，一边聊起了家常，毛泽覃关切地问大哥："大嫂和岸英他们有消息吗？"

毛泽东面对苍茫大山摇了摇头，脸色沉重，没有作声。毛泽覃知道大哥心里难过，也没有再问。兄弟俩就这样默默地走了一会儿，毛泽东开口道："润菊，汉朝有个大将军霍去病说过，'匈奴未灭，何以家为'，你我弟兄都已投身革命，革命不成也实难回家呀……革命者难以顾及个人的一家一户，你我也是要随时准备为革命掉脑袋的！"

“我懂！”毛泽覃的回应简短有力，两人继续在黑夜中朝前走去，寂静的山路上只听得见沉稳而坚定的脚步声……

此后，毛泽覃就留在井冈山，参加创建革命根据地的实践和斗争，直到1928年3月中旬，毛泽东奉湘南特委指示，率领工农革命军第1师主力前去支援朱德领导的湘南暴动，他才跟随部队一同离开井冈山。

到达湖南酃县（今炎陵县）后，毛泽东一面将所部第1团、第2团分成左右两翼，掩护湘南起义军转移，一面向毛泽覃下达命令：“你带一个特务连，即刻前往耒阳，与朱德、陈毅同志取得联系，请他们带领工农革命军和湘南起义农军撤离湘南，向井冈山靠拢。”再一次担任“特使”的毛泽覃直奔耒阳县城，找到朱德、陈毅，向他们介绍了井冈山根据地的情况，转达了毛泽东的意见：“根据目前的形势，起义部队要在湘南站住脚非常艰难，还是往井冈山走，在以宁冈为中心的罗霄山脉中段建立革命根据地。”为避敌锋芒，保存革命力量，朱德毅然决定挥师井冈山。

4月下旬，毛泽东率领部队从湘南的桂东、汝城返回井冈山下的宁冈砻市，与先期到达这里的朱德率领的南昌起义余部及湘南农军万余人胜利会师，井冈山革命根据地的兵力增加5倍以上，工农革命军的旗帜在井冈山头招展如画！

湘赣边最早的农村党支部书记

时间回溯到毛泽覃留在井冈山后不久，曾跟着起义部队四处征战的他满心想的仍是扛枪打仗闹革命。这一天，大哥毛泽东派警卫员来找他，他以为必定是要受领什么重要的战斗任务，便兴冲冲地赶了过去，人还没露面，声音就先进了屋："毛委员，找我么子事？"坐在桌前翻阅文件的毛泽东抬头看他大踏步跨进门来，笑呵呵地说："家里事。"这下毛泽覃有点摸不着头脑了："么子家里事？""你坐下，听我慢慢跟你说。"

原来，尽管工农革命军前期攻克了几座县城，也开展了不少工作，但局面一直没能打开。毛泽东仔细分析形势，认为要在井冈山地区建立巩固的革命根据地，首先必须加强农村基层党的建设。他决定派人到农村发动群众，建立党组织，并着手进行土地革命的试点工作。大致交代过缘由后，毛泽东温和地对毛泽覃说："我思来想去啊，还是觉得你是最合适的人选。"

听到这儿，毛泽覃心里激动的小火苗被"刺啦"一声浇灭了，一向听大哥话的他猛地站起来，梗着脖子扔出一句："我不去！"

毛泽东见状也收起了笑脸："为什么？"

"我是来打仗的，不是来分田分地的！"

毛泽东加重了口气："这是前委的决定！"

"不管是谁的决定，我都不去！"毛泽覃心里明白这一定是大哥的意思，不管不顾地要起了脾气。

毛泽东试图继续劝说："你这伢子，难道连组织的决定也不执行吗？"

毛泽覃又没好气地顶了一句："噢！你就是前委，前委就是你？"

毛泽东顿时怒火上涌，满脸涨得通红，挥起右臂就朝毛泽覃的脸上掴了一巴掌。

毛泽覃猝不及防地愣在原地，站在旁边的警卫排长韩伟也被吓了一跳，忍不住脱口喊道："毛委员，您怎么打人啊？"

"他是我弟弟，我不能打别人，还不能打他？"

"您不是要求我们不打人、不搞军阀残余吗？"韩伟据理力争。

这时，毛泽东也已经意识到自己的行为有些过激，背着手，在屋里来回踱步。过了一会儿，他停住脚步，长长吁了口气，诚恳地对毛泽覃说："是大哥不对，不该将革命工作与家里人混为一谈，更不该打你，大哥向你赔礼啦！"

毛泽覃低着头不说话，毛泽东耐下性子解释道："大哥明白你的心思，但革命不仅仅是上阵杀敌，有一个巩固的后方同样重要。而且，你在水口山和长沙搞过工人运动和青年运动，但没有搞过农民运动，不懂得农民就不懂得中国革命，你应当补上这一课啊。"

听着大哥入情入理的分析，毛泽覃的神情渐

渐缓和下来，默不作声地思考了片刻，低声说：“大哥，我想通了，我去。”

毛泽覃要去的乔林是宁冈县大陇区的一个乡，位于黄洋界哨口下的群山之中，紧靠湘赣两省边界，是一条绵延十里的狭长走廊，大大小小的村庄如珍珠般散落其间。做好乔林乡的工作，就如同在井冈山根据地建立起一座坚固的西北大门。

毛泽东把在那一带调查的资料交给毛泽覃，向他详细介绍了当地的情况，并提醒他，之前敌人长期造谣污蔑，吓唬乡里的老百姓说“共产党来了要‘共产共妻’，老婆、财产都要交出来，还要在身上用烙铁烙上‘共产党’三个字”，吓得不明真相的群众只要碰到山上下来的干部就到处躲藏，工作很难开展。毛泽覃请大哥放心：“既然决定要去，我就不怕困难，一定将乔林建成井冈山的坚强屏障！”

一个透着丝丝寒意的早晨，毛泽覃准备出发前往乔林。临行前，毛泽东再次叮嘱他：“到了那里，不要急着‘哇啦哇啦’乱发意见，先搞调查，再拿出具体的办法……一定要做深入细致的群众工作，领导群众打土豪、分田地，在斗争中培养先进分子入党，迅速建起党的组织……”毛泽覃一一记在心里，背起行囊，踏上了曲折的山路。

访贫苦育群众

掩映在大山之中的乔林风景秀美，岭上的飞瀑流泉、道旁的古树翠竹、水边的田垄菜畦都让自幼生活在山间的毛泽覃无比亲切。乡里人看到头戴斗笠、脚穿草鞋的毛泽覃，也都以为是外乡的农家后生，纷纷热情地招呼他。毛泽覃放下行李，稍作安顿，便开始走访田间地头、各家各户。只要是贫苦人家，不论男女老少，他都能拉上话。碰见年长的来一句:“表叔，这么大一块田，挖得完吗？我给您帮把手！”遇见妇女夸一句:“表嫂，你养的猪这么肥，要卖好多钱吧？”没过几天，毛泽覃就与村民们混熟了，大家爱听他说话，也愿意把自己的心里话对他说，他仿佛又回到了大革命时期的水口山。

与村民拉近关系后，毛泽覃召开了各种小型的调查会，对当地的历史和现状进行了广泛而细致的调查，接着又恢复了农民协会，创办了农民夜校。每到夜晚，村东头的教室内就坐满了人，毛泽覃在松明的照耀下，一边教大家学习文化知识，一边向他们宣传革命道理。

一天晚上讲完文化课，毛泽覃提起话头："这段时间，我在乔林听了不少故事，今天想给大家说两个。"村民们知道毛泽覃讲的都是穷苦人自己的事，便屏息凝神、目光灼灼地望向他。毛泽覃说道："好多年前，有一个小长工，常年给地主放鸭子，但小鸭子总会丢失，有时是被狐狸叼走，有时是在田里冻死，还有的时候不知道怎么回事就不见了。每当丢失一只小鸭子，地主就会让小长工赔一只大鸭子的价钱。小长工想不通去问地主，地主却说：'鸭子要不了多久就会长大的，还会下蛋！没算鸭蛋钱，已经是便宜你了！'其实，有些丢失的小鸭子就是地主自己偷偷藏起来了。这还不算，天冷时给小长工一件烂衣服，就按新衣服记账；逢年过节给点剩饭臭肉，也按好菜好饭记账。就这样，小长工经年累月地辛苦干活，到过年一算账，七折八扣，反而欠了地主十几块银洋钱。小长工气得直哭，地主却假惺惺地安慰他：‘孩子，别哭，今年没赚到钱，明年再来啊。’”

故事讲完了，教室里一片沉默，只是偶尔听到几声低低的啜泣。毛泽覃稍稍停顿，又讲起了第二个故事：“离乔林不远的井水背，有个没念过书的穷人。17 岁那年，他给地主打长工，由于不识字，也不会算术，只能用泥团记下出工的天数，每干一天的活儿，就往他的小箱子里放一个小泥团。没想到狗地主看到了，等快要年终结算的时候，就往他的箱子里倒了一碗水，满箱的泥团都化成了泥糊。结账那天，他说不出这一年自己到底出了多少工，地主就赖账不肯给工钱，结果白干了一年。第二年，他去另一个地主家做长工，换了个记数的法子，每干完一天活儿，就在小箱子里放一根小柴棍。不料，到了年底，坏心眼的地主发现了他箱子里的柴棍，偷偷点了把火烧成灰烬，他又白干了一年。第三年，他又换了一家做工。这次，亲戚朋友帮他想了个办法，带上纸笔，做一天就画一个圈，做半天就在圈上打一条横杠。他接受前两年的教训，白天黑夜都把那张纸小心翼翼地贴身藏着，一年到头可算没出岔子。结账前，他自己先数了数，可以得 40 多块，心想今年总可以领到工钱了吧。没料到，狗地主拎着算盘过来，噼里啪啦一打，左扣一笔，右扣一笔，还是分文不剩。长工的老父亲气不过，去找地主理论，地主竟恶声恶气地说：‘你儿子是个穷骨头，什么活儿也干不好，依我的意思该打死他，还想给他钱？’老父亲悲愤交加，回家就上吊自尽了。不久，长工的母亲也被活活气死。”

听到这里，有人呜呜地哭出声来，村里的贫农有几个没受过地主的欺辱呢？一位老人家长叹一声，喃喃自语道：“唉！穷人命苦，命里注定八合米，走遍天下不满升啊！”“是啊，都怪我们命不好哟！”一些村民也附和着点头叹息。

“不对！”毛泽覃盖过了他们的声音，“穷人受苦绝不是命中注定！这是贪官污吏、土豪劣绅压迫剥削的结果！”看大家惊讶得瞪大了眼睛，毛泽覃继续说道：“我们穷人帮地主做长工，正月进工，做到七八个月，病了，地主要算账，要扣吃的粮油钱，要请医生买药，一年得来的钱就没有了，还得向地主借两块钱，病好了继续给他做长工。地主骂我们穷人是劳穷命，我们自己要懂得，每天天一亮做到夜，还打夜工，又只有酸菜饭吃，劳累过度就会发病，不是命苦！”

有人摇摇头：“就算是这样，又有什么法子呢？”

毛泽覃立刻接过话茬儿：“有法子！我们穷人吃了亏，以前是不敢说，现在共产党来了，要打倒地主土豪分粮吃，杀他的鸡、猪，分他的田，看谁的命好？你们吃了亏，痛心不？我毛泽覃是痛心，肚子里起火！”毛泽覃一面说，一面环顾围在身边的村民，看到很多人脸上的表情慢慢由悲伤转为愤怒，他的语调变得更加激昂：“土豪劣绅就好比毒蛇猛兽，吃尽了我们的血肉！他们无端地坑害穷人，我们穷人只有团结起来，打倒他们，才能有好日子过！”

这时，教室里突然响起一声怒吼，一个衣衫褴褛、满面泪痕的年轻人站了出来：“乡亲们，毛先生说得对，地主老财吃人不吐骨头，我没日没夜给他们干活儿，他们却把我逼得家破人亡，这样的血海深仇，我怎能不报？！”原来，他就是第二个故事里父母双亡的长工。他满腔怒火地控诉了剥削他的陈家泉村地主陈云开。刚刚说完，就又有一位农民兄弟站起来：“我就是陈云开那个村的，他专门压榨我们穷苦人，我也上过他的当，给他白干了一年的活儿。”大家接二连三地发言控诉，情绪越来越激动，最后爆发出愤怒的咆哮：“打土豪，分田地，就拿陈云开开刀！”

第二天，天刚蒙蒙亮，一记锣响就唤醒了整个乔林，全乡 1000 多名群众从四面八方云集到夜校门口。他们一扫曾经的胆怯与畏缩，身板挺直，双目圆睁，有的手执梭镖，有的背挎大刀，更多的是拿着棍棒、扁担、斧头和柴刀，准备在毛泽覃和农会同志的领导下与土豪劣绅展开斗争。站在队伍最前方的毛泽覃望着群情激愤的村民，大手一挥：“出发！”

队伍浩浩荡荡地开到了陈家泉村，把土豪陈云开家包围得水泄不通。陈云开闭门不出，几个身强力壮的年轻人就将大门撞开，冲进院里，把他抓了出来，要他交出财产。狡猾的陈云开装出一副低眉顺眼的样子，百般抵赖：“乡亲们，你们不要听信旁人挑唆，我陈云开怎么会是土豪呢？我也是每天吃着粗茶淡饭的穷人呀！”

村民们自然不会上当，举起大刀、棍棒冲他大喝：“老实点，别耍花招！”陈云开不甘心地挣扎：“我说的都是实话，不信，我叫人拿给你们看。”说完果真叫他的小老婆端出一桶糙米给大家看。就在这时，一个曾在陈云开家做过长工的村民从屋里走出来，手里还提着一大串猪肉、火腿和山珍野味：“大家千万别信他的鬼话，看看，这就是他家的粗茶淡饭！”

证据就摆在眼前，愤怒的群众再也按捺不住，“呼啦”一下挤上前去，一桩桩、一件件地清算起陈云开的罪行，算得陈云开汗流浃背、张口结舌，浑身抖得如同筛糠。

“走，去开他家的粮仓，挖出他的浮财！”不知是谁高喊了一句，大家被提醒了，一起冲进陈家大院，打开仓库，搜出了许多金银财宝、绫罗绸缎。在农会的主持下，所有的钱财没收归公、上交政府，而粮食、衣服、耕牛、农具等则统一分配给贫苦的农民。大家喜气洋洋地领取了分给自己的物品，沉寂许久的乡村陡然热闹起来。

毛泽覃看到农民群众热情高涨，就不失时机地继续对大家展开革命教育和党的宣传。

一天，他在乡间走访，遇到一位50多岁的老人，正一手提着破篮子，一手拿根棍子去讨饭，便上前问道："老人家，家里还有什么人啊？为什么出来讨饭呢？"

老人告诉他："我原来是有老婆、有孩子的，一家人靠种几亩地过活，还算安稳。没想到村里的财主硬是霸占了我家的田，日子实在过不下去，只好先卖了房子，后来又卖了小孩，老婆也活活气死了，只剩下我这个没用的人。"说着说着，老人抹起了眼泪："财主还说，你们穷人不怕没屋住，三里有一亭，五里有一庙，预备'三子'就可以过终生。"毛泽覃问他什么是"三子"，他把手上的东西递到毛泽覃眼前："就是这用来讨饭的棍子、角箩子和小勺子。"

毛泽覃在一次群众大会上把这桩事讲给大家听："……咱们穷人头顶没有一片瓦，脚下没有一厘地，老来只好拿着‘三子’，到处挨家喊先生娘、老爷娘地讨一点饭吃。生在庙里住，死在庙里躺，最后连个埋身之所都没有，就丢在野地里，让野狗咬、乌鸦啄……”讲到这里，已经有人痛哭起来。毛泽覃接着说：“穷人为什么会过这种‘三子’的日子？是你们偷懒吗？不是的，你们一年到头忙个不停，结果连一顿饱饭也吃不上，有的还欠地主的债，如果还不清，只能拿自己的儿女抵给他们做奴隶，稍不如他们的意，甚至会被活活打死。地主这是在逼我们穷人财尽、人灭、绝火烟哪！”

台下的群众听得义愤填膺，纷纷高喊：“我们不要‘三子’，要过好日子！”毛泽覃一掌拍在桌上：“好！那我们就要团结起来，进行革命！”

为了让老弱妇孺都听得明白，毛泽覃还编了一首歌谣：

造福人，不享福，
雇农自己没有谷，
砌匠自己没有屋，

木匠自己没凳坐，

裁缝自己打赤膊。

歌声传遍了十里八村，越来越多的群众参加到与土豪劣绅的斗争中来。

建组织强骨干

大革命时期，乔林乡曾发展过几位党员，大革命失败后，他们都与组织失去了联系。毛泽覃来到乔林后，设法找到他们，重新唤起他们的革命热情，鼓励他们一起做穷苦群众的工作。

乔林有一位 24 岁的贫苦农民刘育柱，家里只有她和公婆 3 个大人，还有 1 个孩子，住在 3 间烂房子里，租了地主 15 担谷田耕种，每年要交 6 担租谷，还有一小块茶林，每年收 20 斤油。同为贫苦女子的共产党员刘懿经常去她家，开导她参加革命，她自己也常去听毛泽覃讲课。毛泽覃在台上慷慨陈词："过去，中国没有共产党，穷人如在黑暗之中，不晓天日。现在，共产党来到世界上，穷人有了救星，好像天亮时候，太阳从东方升起来，大放光明。我们穷人要站起来、闹革命，打倒帝国主义和封建势力，打倒贪官污吏和土豪劣绅！”刘育柱在台下激动得攥紧了双拳。

在刘懿的引导下，刘育柱很快便下定决心，要加入一心为穷苦人民谋解放的中国共产党。她不认字，就口述入党申请书，请刘懿帮她写：“我是穷苦人，家里很苦，现在共产党来了，这是帮穷人的党，只有共产党可救穷人，我愿意参加共产党，参加革命，愿意服从党的纪律！”

1928 年 2 月的一天，尽管山中春寒料峭，但枝头已经若隐若现地冒出了新芽。对乔林的大多数人来说，这一天与往日并没有什么不同；但对刘育柱来说，这一天将成为她人生中崭新的里程碑。上午 11 点，在村中央一栋青砖瓦房的阁楼里，毛泽覃主持了乔林新党员的入党宣誓，刘育柱就是其中之一。

大家进入房间后，展开一面鲜艳的红绸布，绸布上写着 3 个英文字母“C.C.P”，显得庄重而神圣。毛泽覃带领新党员们面向红绸庄严肃立，先唱《国际歌》，再举起右拳，郑重念出入党誓词：

“牺牲个人，严守秘密，阶级斗争，努力革命，服从党纪，永不叛党！”

宣誓结束，大家围在毛泽覃周围，认真听他讲解党旗和誓词的含义。毛泽覃告诉大家：“红旗象征着革命，‘C.C.P’就是中国共产党的英文缩写，寓意我们要在共产党的领导下进行革命。入党誓词中说的‘牺牲个人’，就是要求我们共产党员外出工作时，如果被反动派捉到，即使遭到恶刑和毒打，也不能招供别人，至死是我一个人；‘严守秘密’就是说党内的一切事情都不能对其他人讲，包括自己的父子妻女，凡不是党员的都不可说；‘阶级斗争’就是要求我们同资产阶级、封建地主阶级作斗争，消灭这些反动阶级，夺回他们的土地财产，归我们无产阶级所有；‘努力革命’就是要不辞劳苦，尽力去干；‘服从党纪’就是说党的纪律最严明，要好好遵守，党是铁的纪律，你要有钢的心，要心投革命、革命到底，行动工作都要听指挥，对党忠心，对民众和气，勇敢地和敌人作斗争；‘永不叛党’就是不能半途而废，要至死方休。”

最后，毛泽覃动情地说：“从前，土豪都说穷人是块‘死铁’，没有用处。要我说，穷人是块‘好铁’，大有用处。共产党好比一座通红的熔炉，铁在熔炉里可以百炼成钢，好钢好铁能够造好刀好枪，打起敌人来最有力量。只要我们组织起来，武装起来，跟着毛委员，跟着共产党，革命就一定能胜利！”

在毛泽覃的领导下，湘赣边界最早的农村基层党支部——乔林乡党支部成立了。经上级组织批准，由毛泽覃担任党支部书记。随后，毛泽覃又组织成立了乡工农兵政府和暴动队，继续开展打击土豪劣绅的斗争。

党组织建起来了，发挥党员的作用显得尤为重要。为尽快帮助新党员提高阶级斗争的觉悟，毛泽覃经常召集党员开会、上党课，讲党的任务和纪律。在党课上，他会跟党员们有问有答地讨论。

毛泽覃问：“谁叫你们革命？”

党员答：“共产党是为穷人的党，红军是帮穷人的军队，我们自己要来革命。”

“为什么要革命？”

“穷苦人受地主资本家压迫剥削，饥寒交迫做牛马。现在不做牛马，要革命，夺回土地，工农要坐天下。”

“革命有什么好处？”

“好处说不清，共产党、红军帮助穷人革命翻身，打倒土豪劣绅，夺回财产土地，由无产阶级管理。”

“干革命不怕牺牲吗？”

“革命总要成功，牺牲不要紧。不革命，地主豪绅逼债会逼死人，讨饭讨不到会饿死人。只要革命成功，革死一条命也不要紧。”

……

毛泽覃听了频频点头，夸奖党员们说：“你们讲得好啊，要懂得共产党的真理，创造世界的是劳动人民，一切土地、财产都是劳动群众的，过去是土豪地主骗了我们，现在我们要站起来革命，夺回来。”他还鼓励大家：“我们要革命到底，个人为革命牺牲了，就算个人革命到底了。我们宁冈消灭了地主阶级，宁冈革命成功了；江西消灭了地主阶级，江西革命成功了；等到全国推翻蒋介石的反动统治，红旗插遍全中国，就算中国革命成功了！”

为了帮助大家更好地理解党支部的作用，毛泽覃打比方说：“党支部就像一个火车头，这个火车头如果出了毛病，革命的列车便不能前进；而我们每个党员都是火车头上的一个零部件，只有每个人都发挥好作用，心往一处想，劲往一处使，才能产生更大的力量。”

党员们听懂了这些通俗的道理，学会了与群众联系的方法，像对待亲人一样对待百姓，与他们交心，为他们解难，乡里的老老少少们也都把党员当作知心人。很快，乔林乡发生了显著的变化，人民群众日益活跃起来，在党员的带领下放哨、值勤、摸清敌人的情况，继而实施暴动，打土豪、分田地，没收财产分给穷人。

这让地主恶霸、土豪劣绅感到很害怕，他们开始极力拉拢那些意志不坚定的党员干部。一个名叫陈彭寿的党员被腐蚀后，竟然搞起了叛变活动。他写密信给距乔林不远的鄢县十都的反动民团团长，让他带人来偷袭乔林。幸亏被共产党的一个地下交通员觉察，才没让他们的阴谋得逞。

毛泽覃立即以陈彭寿的叛变事件为反面教材，告诫党员们要站稳无产阶级立场，认清帝国主义、国民党反动派、官僚、买办、土豪劣绅都是我们的敌人，我们与他们是不共世界、不共天日的。他说："第一要记得宁吃穷人的红米粥，莫吃地主的糖和肉。打仗的炮子、炸弹不可怕，地主的糖和肉比炮子、炸弹更厉害。你若吃了他的，革命就会松劲，敌我界限就分不出来，终究要被拉过去，成为革命的叛徒。"他还提醒："要特别警惕那些口是心非的两面派，这种人外面穿红衫，心里藏黑货，是一些'红皮白心'的人，我们一定要谨防他们，不要上他们的当。"

打土豪分田地

没过多久，毛泽覃和乡党支部的同志们商量，计划带领暴动队打一次酃县九都的土豪。行动前，毛泽覃先派一位铁匠和一位裁缝化装去九都侦察情况。他们打听到九都大土豪尹子樵的老婆生了个儿子，尹子樵要给儿子做"满月酒"，准备办 100 桌酒席，宴请四乡豪绅。裁缝就留在尹子樵家做衣服，铁匠赶回来报信。毛泽覃当即组织乡党支部和工农兵政府进行研究，制订了周密的行动计划。

毛泽覃从工农革命军中拨来 20 条枪，就在尹子樵为儿子做“满月酒”的那天，率领 100 多人，由铁匠带路，赶往九都。傍晚时分，暴动队员隐蔽在尹子樵家后面，留在尹家做内线的裁缝偷偷打开了后门。铁匠刚带人进门，就恰好见到尹子樵穿过过道朝后院走来，几个暴动队员立刻迎上前去，当场缴了他的驳壳枪。尹子樵吓得跪倒在地，不住地磕头求饶。毛泽覃一声令下，队员们蜂拥而入。那些到尹家来贺喜的土豪劣绅正在酒席上觥筹交错、吆五喝六，突然听到身后传来暴喝：“不许动！举起手来！”眼前犹如神兵天降，出现了一支手持刀枪的队伍。豪绅们一个个被吓得面色蜡白、四肢瘫软，暴动队员利索地把他们捆绑起来，又搜出尹家敲骨吸髓得来的不义之财，整队撤离。

暴动队速战速决，撤至酃县边界时，九都、十都、十一都的反动民团才匆匆追来。毛泽覃一面派人回井冈山送信，一面指挥暴动队员阻击敌人。井冈山的工农革命军赶到后，一个冲锋就把反动民团打得哭爹叫娘、狼奔豕突，而我方未有一人伤亡。

这次行动活捉了尹子樵等 30 多个土豪劣绅，筹款 1 万余元，乔林乡工农兵政府和暴动队因作战有功获得红旗奖励。

乔林乡的人民群众发动起来了，那怎样才能让农民得到真正的实惠呢？毛泽覃决定在武装斗争的同时推行分田试点，这是之前从未有人做过的工作。为了公平、公正地分配土地，乡工农兵政府设立了土地委员会，派人到各村去挨家挨户调查人口和田地面积、地点，获得具体的数据后，再回到乡里进行核算。委员会明确，平均每人应分得 3 亩田，以原耕地为基础，多退少补，登记造册，然后把名册上的户主、面积、地名写在牌子上，再去田里插牌。

插牌分田的那天，乡里的男女老少都拥到写牌子的夜校。只见 3 位同志站在一旁大声报出每家的分配情况，毛泽覃用毛笔饱蘸了墨汁，端端正正地在牌子上写下户主姓名、所分得的地名和田亩多少，还有几位同志正忙着做标识地界的小红旗。不懂事的小娃娃们看着自家大人不再像从前那样愁

眉不展，而是个个喜笑颜开，也就大着胆子调皮打闹起来，嘻嘻哈哈地在人缝里钻来钻去，一时间满院都是欢声笑语。

牌子写好后，大伙儿一窝蜂似的跟着毛泽覃来到田边。每分一块田，就插上一块牌子，四角再插上小红旗。有个 50 多岁的老汉看到牌子上写着自己的名字，老泪纵横，双腿一弯就跪倒在田里，又用双手抱起一团泥，高高举过头顶："老天呀老天，这田是我的，这不是做梦吧？"毛泽覃看得动容，走过去蹲下身，将老汉搀起来："老人家，不是做梦！这块田就是你的！现在咱们是土地的主人，要当家作主坐天下！"

在毛泽覃的领导下，乔林最先完成分田，成为井冈山根据地最早进行土地革命的乡。

智勇双全的革命军指挥员

在建立乔林基层党组织前后，毛泽覃还在井

冈山参加了许多重要战役，其中第一场战斗就是攻占遂川县城。

遂川是井冈山的南大门，具有极为重要的战略地位。1928年元旦刚过，毛泽东了解到因为要过旧历年，驻守在遂川县城的国民党正规军都撤走了，只剩下地主武装肖家璧的靖卫团三四百人，便决定拿下遂川，向南开辟新区，并要求指战员在消灭敌人的同时，执行打土豪筹款子和做群众工作的任务。在毛泽东、张子清的率领下，工农革命军第1团第1营和第3营第9连以迅雷不及掩耳之势端掉了肖家璧的巢穴，占领了遂川城。参加战斗的毛泽覃随部队留在遂川，担任第1团政治处代理主任兼遂川县游击大队党代表，并当选为中共遂川县委委员。

然而，毛泽覃还没来得及品尝胜利的喜悦，就面临着另一场新的“战斗”：遂川的老百姓不了解工农革命军，一方面受反动派的蛊惑，另一方面害怕遭到地方豪强的事后报复，不仅不敢起来革命，反而跑的跑、藏的藏，只剩下一些不能出门的老弱病残，群众工作举步维艰。

为了尽快联系和发动群众，毛泽覃首先来到距县城约 5 里的西庄。他没有半点官架子，对待村里的大人、孩子都客客气气。有一回，他在路上看见一位老大娘挑着东西走路，很是费劲，就连忙赶上前去，将老人的担子扛到自己肩上，把老人送到家才离开。村民们看这个穿着军装的“长官”说话亲切和蔼、待人谦逊有礼，压根不像传说的那样凶神恶煞，都慢慢放松下来，之前逃走的青壮年也陆续回到村里。

毛泽覃在西庄组织召开了群众大会，对大家说：“老表们，我们是共产党领导的队伍，是帮助穷人打地主恶霸的，所以，你们不用怕。如果你们觉得有坏人，可以告诉我们，我们去帮你们收拾他。”此时，大家对毛泽覃已经有了几分信赖，就偷偷告诉他村里有两个坏人，会去向土豪告密，毛泽覃立刻带领暴动队把这两个坏人抓起来处决了。

见毛泽覃如此雷厉风行地除掉了土豪的“眼线”，村民们的胆子大了起来，纷纷表示要跟着他打土豪、闹暴动，村里的农民自卫军还挖出埋藏的

6支枪交给毛泽覃。毛泽覃惊喜地指着枪连声问："这是哪儿来的？怎么得来的？怎么保存下来的？"又半开玩笑地说："你们还保存了枪来革命，是不是知道我们会来呀？"

当然，毛泽覃更主要的任务还是率领县游击大队打击土豪劣绅。以遂川县城为中心，从近处的坑口、白樟到远处的上坑、草林圩，都有游击大队的旗帜招展。

队伍来到上坑，村里的两个土豪看势头不好，连夜躲了出去。毛泽覃发动村民把土豪霸占的田地财产夺回来，村民们都害怕不敢要，有人连连摆手说："我们现在跟着你们干不要紧，可是等你们一走，他们再回来，我们就要吃苦头了。"

毛泽覃听了，觉得当务之急是打消村民的顾虑，就不再勉强，而是先派出游击队员暗地里探查两个土豪的行踪，并吩咐说："土豪的家产都在这里，没来得及搬走，他们肯定舍不得，总要找机会回来瞧瞧。你们一定要特别注意他们两家附近的动静。"

蹲守几天之后，在一个月黑风高的夜晚，游

击队员果然发现了偷偷潜回村里打听消息的土豪，将他们逮了个正着。第二天，毛泽覃召开群众大会，就地镇压了这两个土豪。村民们没了后顾之忧，参与的热情高涨起来。

没收了土豪家的粮食、浮财，毛泽覃又严肃地叮嘱游击队员们："打土豪得来的东西都要好好保管起来，这是群众的财产，要由农民协会分给广大贫苦农民。"分配工作完成后，他亲自到村民家走访："老表，你家分了哪些东西？这样分公平不？"穷苦的农民们终于相信这是一支真心为人民的军队。从此，只要革命军的红旗一出门，他们就挑着箩筐跟上来，跟着去打土豪、分浮财！

离开上坑，游击大队的下一个目的地是西南方向几十里处的草林圩。草林是县里的一个大镇，物资比较丰富，但草林的土豪也比别的地方更有势力，修建了碉堡，训练了反动武装，把财物都聚拢在自己的手里。游击大队这次的任务除了要发动群众打土豪外，还要想方设法筹款子，搞到布匹、药材等根据地急需的物资。可是，那些土豪一听说工农革命军到了县城，早早就把财物藏了起来，自己带着全家老小跑到外乡去了，镇子上只有穷苦的百姓。

游击队员们进入镇子后，在地主土豪家一个人影也没见到，一粒粮食或一件值钱的东西也没找到。有的战士急得团团转，毛泽覃却镇定地说："光急是没有用的，咱们要发动群众，依靠群众，把地主的浮财找出来嘛。"他叫来参加革命的当地队员说："你们都是本乡本土的人，熟悉这里的方言，也更了解这里群众的风俗习惯，要主动与他们交流，多做宣传，向他们讲清我们党的政策，请他们帮助我们。"队员们纷纷走到老乡中去，帮他们做活计，与他们拉家常，控诉地主的剥削和压迫，启发他们的觉悟。渐渐地，农民群众放下了戒备，把知道的很多情况告诉了队员们。

有一天，毛泽覃去查哨，见到哨兵在同一个本地的撑船人说话，便主动上前攀谈，向他打听消息。撑船人看毛泽覃虽然是个当官的，却态度和善，一口一个"老表"叫得很亲热，不像土匪和国民党军队那么凶狠，就把自己知道的悄悄告诉了他，说是好多天前，那些富人就把东西藏到山沟里去了，自己还帮忙运过。毛泽覃听完，谢过老表，立即带领游击大队搜查山沟，真的在沟里的几幢房子里发现了不少财物，光布料就有几千匹。他们把一部分衣服、猪肉、铜板分发给当地的穷苦百姓，剩余的物资都运往工农兵政府，再转送根据地，极大地缓解了根据地的困境。

正当遂川的革命开展得如火如荼时，气急败坏的国民党赣军打算调集部队由万安向遂川进犯，消灭革命武装。获悉这个情报的毛泽东决定，把分散在农村的工农革命军迅速集中起来，转移到井冈山南麓的黄坳，待机行动。

不久，赣军第27师79团从北边的永新派出一个营进驻宁冈新城，对井冈山革命根据地发动“进剿”。新城是宁冈的县城所在地，西连砻市，南通茅坪，北扼宁冈至永新的通道，一旦被敌人占据，将对我根据地造成严重威胁。因此，毛泽东当机立断：“集中兵力，消灭该敌！”

1928年2月17日，中共前敌委员会在宁冈茅坪攀龙书院召开军事会议，部署攻打新城的方案，毛泽覃接到的命令是率遂川县游击大队配合作战。他带领100多人赶往茅坪，到达指定位置后召集全体战士进行战前动员："同志们，我们明天一早就要打新城了。敌人有一个营，我们要下定决心打好这一仗，不让一个敌人逃走，每一支枪都要缴过来！"深夜，队伍从茅坪出发，奔袭至新城的东门埋伏。天一点点亮起来，新城的轮廓逐渐呈现在战士们眼前：这是一座古老的小城堡，墙高2丈，厚8尺余，每隔一段均辟有城堞，易守难攻。

拂晓时分，战斗打响了。敌人据城死守，直至中午，我军仍未能攻破城门。毛泽东经过周密的思考，命令南门、北门发起佯攻，吸引敌军火力，东门则迅速组织力量，火烧城门，首先突进去。

东门外，几个战士爬上一间民房的阁楼，揭开屋顶的瓦片，架起两挺机枪猛烈射击，压住敌人的火力。与此同时，毛泽覃率领部分战士和游击队员，两人一组，披着沾湿了的棉絮，夹着干草煤油，冒着枪林弹雨冲到城墙底下，堆起柴草，浇上煤油，点燃熊熊大火。早已准备好的登城突击班和冲锋队在浓烟和烈火中架梯攻城，冲破敌人防守，杀入城内。

企图打开北门逃窜的敌人遇到我教导队的阻击，转向西门，又正中我2团1营和部分赤卫队、暴动队的埋伏。仅仅半天，赣军的正规营加上城里原有的靖卫团共500余人全部被歼，敌营长和靖卫团团长当场被击毙，我军缴枪数百。

进城后，毛泽覃率部占领县政府，打开监狱，救出被关押的共产党员和革命群众。在被释放的人群里，有一个脸涂得墨黑的家伙引起了暴动队队长文根宗的怀疑。文根宗在当地做过多年长工，认出了那家伙正是妄图蒙混过关的反动县长张开阳，立马把他死死揪住，拽到群众面前。愤怒的群众和战士冲上前去，拳头如雨点般落在张开阳的身上，他们要向这个双手沾满革命人民鲜血的刽子手讨还血债。毛泽覃见状，连忙制止众人，大声说："不要打死他，留下活口，好拿到大会上去审判！"

过了几天，在宁冈的砻市召开了全县万人大会，会上公审了反动县长张开阳，毛泽覃代表人民亲自将其处决。大会还宣布成立宁冈县工农兵政府和中共宁冈县委，毛泽覃兼任县委宣传部部长。

1928年5月4日，庆祝朱德与毛泽东两军会师井冈山的大会也在宁冈砻市召开，工农革命军第4军宣告成立。5月25日，中共中央颁布《军事工作大纲》，宣布“在割据区域所建立之军队，可正式定名为红军，取消以前工农革命军的名义”，工农革命军第4军改称红军第4军（简称“红4军”），毛泽覃任红4军第31团第3营党代表。

虽然朱、毛会师扩大了革命的力量，但当时的形势仍不乐观，红军在湘南失败，在湘赣边界丢失大片根据地，革命队伍中存在着悲观、迷茫的思想，甚至有人怀疑红旗还能否打得下去。毛泽覃总是给大家鼓劲：“国民党反动派的城墙在南昌、吉安，是土做的，一打就倒；我们共产党和红军的‘城墙’是群众，是永远打不倒的！”在他的启发和带动下，越来越多的战士和群众树立起坚定的信念：“红旗是能够永远打下去的，一定要打到底！”

国民党反动派自然不能坐视红军发展。很快，国民党赣军第27师师长杨如轩便带领该师和第7师、第9师两师各一部共约5个团对井冈山革命根据地发动第三次“进剿”。毛泽覃和3营营长伍中豪率全营参加了反“进剿”的战斗，配合主力部队，取得空前胜利。

战斗结束后，毛泽覃和伍中豪率部由永新转战到吉安敖城一带，进行游击活动。他们在敖城的街镇和附近农村张贴了许多革命标语，向群众讲明革命的道理，发动农民起来暴动。在他们的努力下，最终建起了100多人的赤卫大队。在赤卫大队的成立大会上，毛泽覃代表红军向他们赠送了4条枪和一面题有“工农先锋”四个大字的锦旗，动情地说：“我们农民世世代代受豪绅的压迫，痛苦不堪，现在大家要团结起来，打倒压迫我们的人！我代表红军把这四条枪送给你们，你们一定要好好干，在斗争中不断发展和扩大革命武装！”后来，这支赤卫大队不负毛泽覃所望，发展成一支拥有500多人的红军游击队。

1928年6月中旬，气急败坏的国民党反动派卷土重来，以赣军第9师师长杨池生为总指挥，以第27师师长杨如轩为前线总指挥，率两师共5个团的兵力对井冈山革命根据地发动第四次“进剿”。在毛泽东、朱德、陈毅等的运筹帷幄下，红军指战员奋勇打击来犯之敌，于6月23日将敌人压至永新的龙源口。

这是一场严峻的决战，敌我兵力相当，赣军第9师下辖的第25团、第26团是国民党在江西最狠的军队，战斗力极强。我军针对敌情进行了周密的部署，为防止敌战力更强的湘军也加入战斗，命毛泽覃所在第31团第3营在永新龙田、潞江一带监视湘敌。

虽然不是此次战役的主力，毛泽覃却丝毫没有掉以轻心，他与第3营的指战员们擦亮双眼，始终严密监控着湘军的动向，为主力部队解除后顾之忧。在此过程中，他们受领了一项夺取敌占山头的临时任务。山顶的敌人居高临下、火力密集，我们的队伍根本冲不上去。

时间一分一秒地过去，同志们焦灼万分。毛泽覃仔细研究着地形，发现敌人的炮火都集中在山的正面，而山的背面林深路陡，是防守的盲区。他赶紧召集几个连队干部商量：“敌人火力太猛，强攻对我不利，能不能想办法派出一部分同志从山背后打上去，出其不意地夺取阵地？”大家都对这个想法表示赞同。有人提出，要绕道山后，就得有向导。毛泽覃马上喊来几名战士，嘱咐道：“你们去找找，附近有没有熟悉地形的老乡，动作要快，要隐蔽！”

战士们出发没多久，恰好遇到两位当地的煤炭工人，就向他们打听上山的路线。工人师傅一听，拍着胸脯说：“你们可问对人了，我们成天在这山沟子里钻，没有不知道的路，同志们跟着我们走就行！”他们俩领着一小队战士，神不知鬼不觉地攀上了山顶，从敌人背后发起进攻。敌人被突如其来的枪声吓蒙了，还没反应过来就被打得落花流水。红军战士夺取了敌人的机枪阵地，抓起他们丢下的 4 挺机枪，掉转枪口向逃敌猛扫，山上和山下的战士们同时发起冲锋，把敌人打得鬼哭狼嚎。

此时，主力部队也正在新七溪岭和老七溪岭两处展开激战，龙源口上空杀声震天，红军战士愈战愈勇、势如破竹，来犯之敌全线溃败、落荒而逃。

龙源口战斗是红 4 军成立以来进行的最大

规模、最为激烈的一次战斗。面对辉煌的胜利，战士、群众激动得唱起了歌谣：“不费红军三分力，打败江西两只羊（杨），真好，真好！快畅，快畅！”

赣西南打开局面

1928年冬，国民党反动派准备调集湘、赣两省共6个旅计18个团，分5路向井冈山革命根据地发动第三次“会剿”，妄图一举消灭红军。敌我兵力悬殊，死守井冈山显然不是上策。经过冷静、周密的分析，毛泽东提出红4军大部撤出井冈山、挺进赣南。这时，毛泽覃已担任红4军前委工农运动委员会农运科科长，所以也随部队一起行动。

时值隆冬，湘赣边界接连下了几场大雪，井冈山被冰雪覆盖，寒冷刺骨。红4军下山那天，留守井冈山的指战员和根据地的群众冒着风雪前来送行。战士们紧握彼此的双手，久久不忍放开；老乡们则纷纷将煮熟的鸡蛋、连夜赶制的布鞋往准备行军的战士们手里、包里塞……

出发的时间到了，3600 余人的红 4 军主力携带 1500 余支枪，踏上了通往赣南的崎岖道路。他们顶风冒雪，昼夜疾行，艰难地突围前进。一路上，毛泽覃除了行军，还要负责宣传工作。每到一个地方落脚，他都不顾疲倦，抓紧时间与同志们一起张贴由军长朱德、党代表毛泽东联名发布的《红军第四军司令部布告》和其他革命标语。“平买平卖，事实为证，乱烧乱杀，在所必禁。”“地主田地，农民收种，债不要还，租不要送。”“打倒列强，人人高兴，打倒军阀，除恶务尽。”……这些通俗易懂的句子使老百姓对我们党和军队的主张有了更加清晰和深刻的认识，越来越多的群众站到了革命队伍的一边。

红军经遂川、上犹、崇义，一直向南，于 1929 年 1 月 22 日到达大余县城，城里的国民党保安团早已闻风而逃。红 4 军顺利进驻大余，却没想到国民党第 7 师第 21 旅也尾随而至。当晚，敌先头部队悄悄占据大余城东北的制高点天柱山、

紅軍第四軍司令部
布告

惜母岭，次日一早就向城内发起突袭。由于红军指战员们刚刚经过长途跋涉，兵马劳顿，又是仓促应战，所以伤亡巨大，只能弃城转移。而当枪声响起的时候，工农运动委员会的同志们正穿行于城内街巷做群众工作，毛泽覃也在其中。他们立刻赶回军部，随主力向城外撤退。在突围的战斗中，毛泽覃的腿部被子弹击中，受了重伤。

离开大余之后，红军不断遭到袭击，前有堵截，后有追兵。既找不到粮食，也找不到向导，到了最为困难的境地。但是，队伍里没有人叫苦叫难，也没有人贪生脱逃。毛泽覃与大家一样饿着肚子、冒着严寒昼夜行军，即使腿上的伤口因为得不到妥善的治疗和休养，迟迟无法愈合，时常疼痛难忍，他也总是紧咬牙关、一声不吭。

经过一场场恶战和对行军路线的及时调整，1929 年 2 月，红 4 军终于跳出敌人的包围圈，到达吉安东固地区，与活跃在此地的红军独立第 2 团、第 4 团会师。红 2 团、红 4 团向红 4 军赠送了 4000 元银洋和大批弹药，东固人民也赶来送粮送菜、送鱼送肉。红 4 军在这里休整了一个星期，补足给养，准备继续沿闽、赣边界向南转移，前委则决定将毛泽覃等伤病员留下来治疗休养，同时赋予毛泽覃一项重任——加强东固革命根据地的工作。

东固位于吉安县南部，与泰和、兴国、吉水、永丰 4 县交界，四面环山，地势险要，物产丰富，民风淳厚，是个利于屯兵设伏和开展武装割据的好地方。红 4 军到来之前，中共东固区委已建立起 20 多个党支部，有党员 300 多人；成立了区农民协会和 24 个村农民协会，成为赣西南重要的革命大本营之一。毛泽覃留在东固担任区委书记，最主要的任务就是促使以东固为中心的红色区域割据进入新的发展阶段。他向当地同志传播了在井冈山建设根据地的经验，并制定了许多符合当地实际的具体政策，领导农民开展土地革命，加强地方革命武装建设。

在为赤卫队解决武器问题时，毛泽覃听群众说离东固不远的水南盘踞着两个军阀的反动武装，大概有几百条枪，头目一个姓何、一个姓马，时常纵兵残害百姓，烧杀淫掠，无恶不作。但这两人各有一个干儿子，一个叫大水、一个叫小水，却都是穷苦出身，对待百姓比较和善，也深得手下士兵的信赖。他们表面上对何、马二人百依百顺，实际对其行径深感不齿，还曾暗地里打听过红军的消息，可能是有弃暗投明的念头。毛泽覃决定亲自前往水南探听虚实，设法与大水、小水取得联系。

1929 年 5 月中旬的一天，毛泽覃戴着黑圆眼镜，穿着阴丹士林布长衫，左手还摇着一面写有“赛半仙”的旗子，装扮成算命先生，独自一人缓缓走在通向水南的小路上。他一边观察路上的行人，一边口中念念有词。不一会儿，一个衣衫褴褛、肩扛一捆扁担的人从他身边匆匆而过。毛泽覃加快步伐赶了上去，搭话道：“老乡，为什么走得这样急，莫非家里有什么急事？是祸是福，我来给你算算吧？”

那人放慢脚步，回头上下打量毛泽覃，见他不过 20 多岁的年纪，生得身材高大、眉清目秀，眼也没瞎，脚也不瘸，实在不像个走江湖混饭吃的人，恐怕别有用心，就没好气地说：“你算你的八字，我卖我的扁担，是祸是福，你说了也不算，别耽搁我的时间了！”说完，迈开大步朝前走去。毛泽覃碰了个钉子，也不生气，又追上前与他攀谈：“老乡，你也是往水南镇去吧，咱们俩同路，不如搭个伴，说说话也就到了。”那人听毛泽覃说话斯斯文文，倒不像个坏人，再想想自己也没什么可图的，就慢慢放下戒备，跟毛泽覃有一句没一句地聊起来。

原来，这人名叫罗国倬，是水南当地的农民，家里很穷，眼看快要无米下锅了，不得不连夜削了一捆扁担，打算拿到镇上卖掉，换些粮食。他苦笑着对毛泽覃说：“你要给我算命，我这种‘穷命’‘苦命’还有什么可算的呢？”

毛泽覃冲他摆摆手：“老乡，你的‘苦命’不是天生的，你家里这么穷，是因为有人剥削你、压迫你。穷人之所以穷，都是因为贪官污吏、土豪劣绅的压迫和剥削。只要推翻了他们，天下穷人的命都会好起来的。”

罗国倬听了这番话，觉得这位“算命先生”的言谈与众不同，想必是有来头的，便放慢脚步，试探着问：“先生您是从哪里来的？”

毛泽覃看看四周无人，坦然答道：“我是从井冈山下来的。”

罗国倬恍然大悟：“先生您来水南，是有大事要做吧？”

毛泽覃通过一路交谈，已经判断出罗国倬成分可靠、遇事机敏，应该是个靠得住的帮手，便从衣袋里掏出几块银圆说：“老罗，我的确有很重要的事请你帮忙。你的这些扁担我全买了，你把它们寄放在附近村里，先带我去趟水南。”

接着，毛泽覃把自己的来意详细地告诉了罗国倬，罗国倬得知他是为红军的事而来，爽快地答应：“没问题，水南这地界我熟，别的不敢说，带个路、找个人还是办得到的。”很快，罗国倬就把毛泽覃带到水南镇上，然后按毛泽覃的吩咐去找了大水、小水，约他们在一家小酒店里会面。

大水、小水按时前来，见到坐在酒店里等候的毛泽覃，先是仔细审视了一番，然后面带警惕地询问：“我们与先生素不相识，不知道叫我们来有何贵干？”毛泽覃微微一笑：“听说二位在此地颇有威望，我有意结识，请坐下说话。”三人坐定，毛泽覃单刀直入:“我看二位少年豪杰,为何甘愿为虎作伥?”大水、小水闻言大惊,大水问:“你到底是什么人?”毛泽覃也不隐瞒:“是劝你们弃暗投明的人。”小水脸色一沉:“你就不怕我们把你抓起来献给干爹?”毛泽覃摇了摇头:“二位的作为我已有所耳闻,与那些欺压百姓、贪婪残暴之徒绝非一丘之貉,我相信你们会做出正确的选择。”听到这里,大水与小水交换了一下眼神,压低声音说:“我们明白先生的来意了,其实我们早就有此打算,只是苦于找不到路径。此地不便,先生请随我们来。”他们带着毛泽覃换到一个僻静的处所进行密谈。这时,毛泽覃已经基本确定他们是真有诚意投向红军,便亮明自己的身份,进一步晓以大义,劝他们早日行动,并约定联络地点和暗号。不久之后,大水、小水果然率领400多人枪向红军投诚,增加了赣西地方革命武装力量。

为了巩固扩大苏区,毛泽覃又前往位于东固西北的中鹄地区。这一带东西两侧都是高山密林,中间是一片丘陵稻田,向西越过青原山约20里就是吉安县城,有国民党重兵把守;南面紧邻值夏镇，有数百人的吉安靖卫大队长驻；向北则是一条大道直通吉水县城。这里三面受敌，革命运动开展得十分艰难。

毛泽覃一到中鹄，就与当地党的负责人取得联系，召集党员会议研究敌情，积极发展党团组织。在他的指导下，中鹄游击队秘密成立，并由最初的18个人、1条单响枪、1条半截枪逐渐发展到100余人、4支步枪、2支手枪。毛泽覃还组织游击队员们以砍柴、打猎为名，到深山沟里练兵，没有装备，就用鸟铳、梭镖、大刀、长矛和其他自制的武器。

经过几个月的准备，1929年11月的一个夜晚，游击队与各村组织的500多名农协会员以“打倒土豪劣绅，实行土地革命”为口号，共同发起武装暴动。各路暴动队伍乘着朦胧的月光行进，于次日凌晨到达固山村。按照预定部署，农民协会占领各主要山头和路口，形成四面包围的态势，游击队则冲进固山村，抓住土豪王协锦。随后，暴动队伍又转到江头村、丹村，捉拿了地主恶霸姚明池和阮泮香，把他们的浮财、粮食都分给了当地的贫苦群众。

暴动胜利后，中鹄区委和中鹄区苏维埃政府相继成立。为培养干部、宣传土地革命政策，毛泽覃在中鹄的施家边村举办了一期工农干部讲习班，亲自讲授马列主义基本理论、工农革命的道理、党的组织发展和党员应具备的条件以及土地革命政策、妇女工作、团的工作等内容。讲习班结束后，各乡各村都成立了苏维埃政权，革命的力量日益壮大。

1930 年年初，赣西革命形势蓬勃发展，江西红军独立第 2 团、第 3 团、第 4 团、第 5 团与赣西工农游击第 2 大队及湘赣边区部分赤卫队合编成立了红军第 6 军，黄公略任军长，刘士奇任政治委员。毛泽覃任红 6 军政治部主任，并在一段时间内代行政委的职责，按照红军前委“分兵游击”的战略部署，与军长黄公略一道率领该军第 1 纵队、第 3 纵队分别在永新、泰和、万安和安福、新余、峡江等地发动群众，打击地方反动势力，建立政权和武装。这期间，原赣西、赣南、湘赣边 3 个中共特委合并，成立了中共赣西南特委，下设东路、中路、北路、西路和赣南西河、东河6路行动委员会，毛泽覃于1930年5月任中路行委书记，负责吉安的儒林、富田、东固、纯化、水东，吉水的水南、白沙、中鹄，以及万安、泰和等红色区域的工作。他领导这些地区的党员干部和广大群众深入开展土地革命，加强根据地建设，大力发展地方红军和赤卫队，在赣西南打开了大好局面。

反“围剿”重任在肩

经过一年多的发展，赣西南的红色区域不断扩大，但位于赣江中游的重镇吉安仍为国民党军队所占据。吉安是赣西南地区的政治、经济、文化、交通中心，打下吉安，就可以将整个赣西南苏区连成一片，使其成为红军巩固的后方。此时，红军各部队已合编组建红军第一方面军，下辖红1军团、红3军团，共3万余人。红一方面军总前委审时度势，决定由红1军团对吉安发起进攻，赣西南特委和苏维埃政府也动员赣西各县10万工农群众和地方武装加以配合。在红军猛烈的攻势下，本就兵力空虚的吉安国民党守军仅仅坚持了一天就弃城逃窜。

1930年10月4日，红旗插上了吉安城头。之后，红军又乘胜占领吉安附近的吉水、峡江、新干等县城，赣西南苏区从此纵横相连。

苏维埃红色政权的发展、红军的壮大都让敌人无比恐慌。蒋、冯、阎军阀的中原混战还未结束，蒋介石就开始部署对红一方面军和苏区进行第一次大规模军事“围剿”。苏区军民在红一方面军总前委和江西省行委、江西省苏维埃政府的领导下，紧急动员起来，开展反“围剿”的各项准备工作。

红一方面军进驻吉安后，成立了后方委员会和红军驻吉安办事处。刚被任命为中共吉安县委书记的毛泽覃兼任了办事处主任，统一领导兵站、医院、兵工厂、被服厂和特务连，负责军工生产、军需物资筹集和兵源补充等工作，也就自然担负起为红军主力反“围剿”作战提供后勤保障的重任。

在吉安的 1 个半月里，毛泽覃领导筹款 13 万余元，缝制了上万套军服、军被，还曾亲自带领特务连跋山涉水、日夜兼程，将重要物资运送给前方部队，保证了作战需要。战士们在战斗中缴获了武器，若有损坏的，都送到办事处下辖的兵工厂修理。当时，兵工厂的设备非常简陋，所有修理任务全凭手工完成。毛泽覃就鼓励工人师傅们开动脑筋、出谋划策，想方设法恢复这些武器装备的功能，再将它们火速送往前方将士手中。

1930 年 11 月中旬，红军为诱敌深入而实施战略退却，放弃吉安，毛泽覃也率办事处撤离吉安城，转入山区。但他没有就此停止工作，而是与江西省苏维埃政府财政部、兵站处和吉安交通总站等单位密切协同，筹集物资，组织担架队，有力支援了开往根据地腹心区域黄陂、小布的红一方面军主力的反“围剿”作战。

不过，办事处在动员青壮年参军、扩大红军队伍时却发生了一场“风波”。在根据地民众参战支前的人群中，两个荷枪实弹的红军战士强押着一个青年前行，后面几米远的地方跟着一位白发苍苍的老妇人，跌跌撞撞地边走边哭。这一幕恰好被路过此地的毛泽东看见，他忙上前询问：“大娘，您这是怎么了？”老妇人抹着眼泪说：“我就这么一个儿子，现在还被他们带走了，老头子又病在床上，以后的日子可怎么过呀！”

毛泽东搀扶着她，喝住两个战士：“你们是哪个部队的？为什么抓人？”战士回答：“我们是赣西南地方红军，后方办事处的毛泽覃主任派我们来征兵，任务很重，只能这样做。”

毛泽东看他们没当回事的样子，心生怒气，厉声批评道：“扩大红军是当前的重要任务没错，但当红军要自愿呀！你们怎么能就这样把人掳走？这是严重违反党的‘扩红’政策的！”他命令战士立刻放人，又派人把毛泽覃找来。

兄弟俩一见面，毛泽东就举出先前所见之事，教导毛泽覃说：“不论‘扩红’任务有多繁重，都不能不顾党的政策，更不能胡乱抓人！”接着，他还严肃地跟弟弟谈起红军的纲领和纪律问题。毛泽覃听了大哥的话，意识到自己的确是为了完成任务太过急躁，伤害了老百姓的感情。他立刻当面向老大娘一家道歉，承认了错误。

从这以后，毛泽覃时刻注意工作方法，不忘在扩军筹粮的同时关心群众疾苦。他多次率领机关干部、战士和医疗队，带着大批粮食、衣服、耕牛、救济款前往在国民党军的“围剿”中遭到严重破坏的地区慰问，帮助当地百姓重建家园、恢复生产。有一回，他走访贫农时来到一户姓张的人家，进门看到家徒四壁，连条被子也没有，想都没想，便把从敌人手里缴来分配给自己的一床鹅绒被送给了他们。

看到红军如此爱护百姓，人民群众更加踊跃支前，兵员、装备、钱粮源源不断地向前线输送。有了正确的战略决策和充足的后勤补给，1931 年元旦前后的 5 天内，红军两战两胜，歼敌逾万人，蒋介石 10 万大军的第一次“围剿”被兵力仅为其四成的红军彻底粉碎。

1931 年 5 月，第二次反“围剿”胜利后，为准备好下一次反“围剿”的战场，中共苏区中央局撤销了中共赣西南特委，在赣江以东苏区分别成立中共赣南、赣东和永吉泰3个特委，毛泽覃任中共永吉泰特委书记，领导永丰、泰和、吉安等县委。

干革命坚持原则

1931年11月7—20日，中华苏维埃第一次全国代表大会在江西瑞金叶坪村隆重召开。毛泽覃作为永吉泰代表团的一员参加了会议，见证了中华苏维埃共和国的诞生，更加坚定了革命必胜的信念。

然而，革命的道路从来不是一帆风顺的。在红军粉碎敌人3次“围剿”、各地游击战争蓬勃发展、苏区版图日益扩大的同时，王明等人开始在党内推行“左”倾教条主义错误路线，对中央苏区造成了严重干扰和影响。

在中华苏维埃第一次全国代表大会之前，中共苏区中央局领导召开了赣南会议，在王明“左”

倾错误的指导下，批判了毛泽东等同志在创建和保卫中央苏区的斗争中形成的许多正确方针和政策。毛泽覃与当时的瑞金县委书记邓小平、赣东特委书记谢唯俊、总前委秘书长古柏等公开表示了不同意见，这也为他们4人后来被扣上“反党派别”的帽子、遭到无情打击埋下了伏笔。

随着“左”倾错误在中央苏区的进一步推行，对毛泽东的批判也不断升温。当听说大哥受到不公对待时，从不吸烟的毛泽覃向房东要了一袋旱烟，猛吸一口，呛得连声咳嗽，连眼泪也呛了出来。之后的日子里，他经常抽空去看望屡受批评、陷于孤立的大哥。看到大哥总是沉默不语，一个人抽闷烟，身体也越来越差，他愤懑地对大嫂贺子珍说：“有些人用心险恶，这样下去是要坏事的，不能让这些人胡说八道！”

“左”倾领导者纸上谈兵地提出“城市中心论”，说要把敌人挡在根据地的大门外、把红军拉到白区去硬拼。长期处在与国民党军队作战最前线、具有丰富斗争经验的毛泽覃等人立刻指出：“向着中心城市和交通要道发展苏维埃是没有可能的！我们不能和敌人硬碰硬，而应该巩固农村根据地，在敌人统治薄弱的高山深沟、穷乡僻壤积蓄力量，把敌人引到群众条件好的苏区来，集中兵力各个歼灭。”他们还举出第一次反“围剿”时红军靠游击战取得胜利的例子，把“敌进我退，敌驻我扰，敌疲我打，敌退我追”的十六字方针讲给对方听。

“左”倾领导者不切实际地想“在全中国各苏区创造一百万铁的红军”，还要把红军的供给全部交由各苏区政府、人民承担。毛泽覃他们坚决反对：“中央红军和地方部队、群众武装都需要发展，决不能靠削弱后两者来扩大中央红军，也不能只求数量、不求质量地号召武装一切工农劳苦群众。而且苏区本就地瘠民贫，加上这些年战争不断，群众的负担已经十分沉重，不能再让他们负责红军的供给，我们完全可以通过打土豪来筹款子啊。”

他们实事求是的观点不出意外地遭到了“左”倾教条主义者的攻击。“对红军悲观失望”“退却逃跑”“对扩大红军怠工”“走富农路线”“对抗党的决议”……帽子一顶接一顶地朝他们头上扣了下来，甚至指责他们是执行了一条“反国际反中央”的路线。

1933年1月，中共临时中央的主要领导成员从上海来到瑞金，成立了以博古为总负责人的新的中共中央局，在中央苏区继续全面推行王明的“左”倾教条主义。为了清除毛泽东积极防御路线在中央革命根据地的影响，打击执行毛泽东正确主张的同志，他们首先在福建省开展了一场所谓的反“罗明路线”的斗争。

罗明是当时中共福建省委的代理书记，他通过在闽西几个县的深入工作，了解了边区的特殊情况，认为红军应向敌人力量薄弱的地方发展，以巩固和扩大闽西根据地，并提出处在根据地边缘区的地方武装应该先打击当地的地主武装，对国民党正规军则不要硬打，而要采取游击战、运动战，从打小仗中锻炼和提高红军的战斗力。他还主张要有计划、有步骤地扩大红军，对边缘区、新区工作的指导也应不同于巩固的中心区域。这些符合实际的正确意见却被“左”倾领导者说成是对革命前途悲观失望的机会主义、取消主义的逃跑退却路线。他们撤销了罗明的职务，在福建省党内掀起大规模批判，还迅速将反“罗明路线”的斗争推广到江西苏区，把毛泽覃和邓小平、谢唯俊、古柏一并称为“罗明路线在江西的创造者”。

苏区中央局机关报《斗争》点名批判邓、毛、谢、古 4 人，说他们是“江西罗明路线的领袖”。江西省委召开了为期 7 天的会议，对他们进行持续批判，强迫他们承认自己是“反党小组织派别的领袖”，还宣布撤销他们在党内外的一切职务，甚至下了他们的枪。

随着会后反“江西罗明路线”的斗争在全省铺开，有人惶惶不安，有人随波逐流，有人落井下石。毛泽覃给大哥毛泽东写信，被说成是心怀不满，搞“派别活动”；毛泽覃之前把鹅绒被送给贫苦群众，被歪曲为赠给富农，走“富农路线”；毛泽覃读《三国志》，被作为素材写成批判文章，说他实行的是“诸葛亮式的机会主义战略和战术”……批判、揭发、斗争，没完没了。

面对无休止的批判和莫须有的罪名，毛泽覃

委屈过、苦恼过、愤怒过，但他从没有因此放弃马克思主义者的原则立场。对于“左”倾教条主义者的种种谬论和错误行径，他不畏缩，不逃避，而是针锋相对地批驳。

“左”倾教条主义者自称是“百分之百的布尔什维克”，还讥讽“山沟里没有马列主义”，毛泽覃嗤之以鼻：“只有你们这些‘洋房子先生’在大城市执行的是‘立三路线’。在我们苏区的山上，执行的完全是马克思主义的路线。”“左”倾领导者任人唯亲，在组织上推行宗派主义，选人用人时排斥很多党和红军的优秀领导干部，还把手伸进各个革命根据地，妄图打倒与他们意见不合的同志，毛泽覃一针见血：“你们到苏区来，到处找茬子，不过表明你们是‘一派的领袖’。你们不能代表党，只是代表派的‘派别的首领’。”

毛泽覃的观点和言论得到了邓小平、谢唯俊、古柏等同志的支持，他们在平时的谈话和书信来往中也会讨论对“左”倾做法的不同意见。这下，恼羞成怒的“左”倾教条主义者自以为抓住了把柄，把他们4人的交往说成是“反对中央局的活动”“公开的反党活动”“内部已有政纲的反党派别小组织和小集团”，让他们写出书面检讨。

毛泽覃在申明书里认认真真地反思和检查了自己工作中存在的缺点、失误，但绝不承认进行过所谓的“反党的派别和小组织”的活动，并回击那些污蔑歪曲的不实之词说：“我们私下交换意见，就是因为迫于‘左’倾领导者的打压，有许多想法不敢向党提出，只能秘密地谈论。”

这样的“检讨”如何能让批判者们满意呢？他们责令毛泽覃等人进行第二次书面检讨，毛泽覃他们仍然只承认工作上出现过的疏漏、错误，而绝不接受所谓“路线”“小组织”“反党派别”之类的指责。“左”倾领导者大为恼火，继续组织围攻，并作出决议，除了要求 4 人再次检讨外，还把他们下放到农村劳动、到基层“改造”。

虽然在政治上受了打击，在组织上受了处分，毛泽覃还是不肯在原则问题上后退半步。他总是从实际出发，抵制“左”倾的错误做法，只要一有机会，还会结合自己负责的具体工作，撰写文章批评“左”倾教条主义。有些人喜欢标榜自己对马列主义理论十分熟悉，满嘴都是马列词句，毛泽覃却看得透彻：“宣传教育一定要与实际工作相联系，讲的要能够立马用上，如果只是一顿空谈，随你讲得起花，也还是老样子。”有些人喜欢搞过火斗争，动不动就“惩办”，毛泽覃便泼泼冷水：“不管有没有错误，也不管错误大小，只要发现对上面的做法有不同看法或贯彻不力，就给予惩办，这是一种不正确的倾向，是非常有害的倾向！”

真理越辩越明。毛泽覃的这些话，对于“左”倾教条主义错误来说，是切中要害的回击；对于执行毛泽东正确路线和主张的同志们来说，则是坚强有力的支持。与毛泽覃一同工作、战斗过的干部群众更有他们自己的判断。在中共万泰县委扩大会议上，“左”倾领导者要求批判所谓“罗明路线”在地方上的代表人物，一些县和区的干部直接表示想不通，大声质疑：“为什么要批判毛泽覃同志？毛泽覃同志政治上很强，比某些领导高明多了！”

下放兴国县长冈乡期间，毛泽覃热情地指导乡苏维埃政府的工作，给乡干部们作政治报告，分析中国革命的特点，讲解红军的战略战术，帮助大家认清斗争的形势，鼓舞大家在现有条件下扩大红军、搞好生产，积极支援反“围剿”战争。每当身边的同志出现情绪波动，对前途产生怀疑，他总是坚定地说：“现在是很困难，我们党和根据地可能会遭受重大损失，甚至暂时失败。但是，要相信党，相信毛泽东同志的路线一定会战胜‘洋房子先生’的路线，最后的胜利一定属于我们！”

后来，毛泽东到长冈乡调查研究，毛泽覃也配合做了很多工作。他白天和乡民们一起到田间劳作，晚上在炉火边、场院里与干部群众促膝谈心、开会交流，等回到住处，还要就着昏黄的油灯翻阅整理文件材料，一直忙到深夜。等到第二天，曙光刚刚透过窗棂，他又早早起床上山下田。

长冈乡的青壮年男子大多参军去了，正值农忙时节，缺少劳动力耕田。乡党支部召开会议商讨帮农的问题，女共产党员李玉英站起来说：“男人们都上前线了，咱们妇女应该担当起来，不会犁田就学嘛，我头一个学！”说干就干，一散会，她就挽起裤管，脱下鞋子，请樟树塘的一位老大爷来教

自己。在老大爷的指导下，她扶着犁把，吆喝着耕牛，很快就学会了，后来还成为全乡著名的犁田能手。受她的影响，全乡 4 个村的 130 多位妇女都发动起来，学会了犁田耙田，长冈乡妇女同志学犁田的事一下在中央苏区传开了。

毛泽覃到长冈乡后，特意去田边考察，见李玉英犁田的动作稳健老到，一点也不像个新手，忍不住大声夸赞："好！好！呱呱叫！"他把这件事向毛泽东作了汇报，毛泽东听了也十分赞赏，在瑞金召开的一次会议上，以中央政府的名义奖给长冈乡两头耕牛，一头是黄牛，一头是水牛；奖给李玉英一条蓝色的围裙，上端镶着红色的条边，紧贴胸口的地方有一颗鲜艳的红五星，里面绣着镰刀和斧头。毛泽覃高兴地祝贺了李玉英，又亲自把耕牛送到长冈乡。乡亲们纷纷赶来看这两个能干农活儿的"奖品"，几位老农摩挲着牛角、牛背，乐得合不拢嘴。那头大水牛长得膘肥体壮，拉起犁来走得快、耐得久，被乡亲们称作"模范牛"，还被编进山歌来赞扬：

我们有条模范牛，搞好春耕保丰收，
多打粮食送红军，消灭豪绅乐悠悠。

苏区的生产热火朝天，反“围剿”的战斗也没有停止。国民党军队对中央苏区的第四次“围剿”同样以失败告终后，蒋介石又气急败坏地筹划起第五次“围剿”，准备以50余万兵力围攻中央红军和苏区。为了全力支援前线，中央苏区开展了大规模的扩红运动。可是一些区乡干部为了尽快完成任务，不注意方式方法，反而很难取得进展。

毛泽覃此时来到瑞金中央突击队工作，根据之前领导扩红的经验，耐心地教育同志们：“苏区人民对于支持红军作战一向踊跃，这些年已经克服了巨大的困难，做出了很多牺牲，所以我们扩大红军一定不能用命令强迫，而要做好宣传和解释，确保青壮年自觉自愿地参加红军。”他还特意叮嘱具体负责的干部：“要帮助参军的战士解决家里的困难，村里不能解决的找乡里，乡里不能解决的找区里，区里不能解决的就找县里，总之不能让他们有后顾之忧，这样才能真正壮大我们红军的力量。”

在农忙时节，他自己就曾撸起袖子、挽起裤腿，帮着红军家属播种收割，与那些“左”倾领导者的官僚作风形成了鲜明对比。

由于毛泽覃圆满完成了扩大红军的任务，中华苏维埃共和国临时中央政府机关报《红色中华》在《红匾送给瑞金突击队的优胜者》的报道中点名表扬了他，让他登上了“光荣红榜”。

除了农村和军队这两个比较熟悉的领域，毛泽覃在因为反“左”倾被撤职后，还一度守护过苏维埃国家银行的秘密金库。

当时，赣州石城县要筹办国家银行的支行，财政部部长邓子恢不避嫌疑，推荐毛泽覃去担任支行行长。毛泽覃第一时间就到国家银行行长毛泽民处报到，开玩笑说：“二哥，我成了你的部下，可要多多关照呀！”虽然知道弟弟一向乐观，沉稳的毛泽民还是忍不住多说了两句：“润菊，你的事我都听说了。大哥说过，国家为重，你要放下思想包袱，把石城的支行办好。”接着，他把自己办银行的经验对毛泽覃倾囊相授，希望弟弟能够尽快打开工作局面。

有了二哥的指导，毛泽覃心里多了几分把握。他来到石城，第一件事就是招兵买马，物色了两位在总行工作的石城人，把他们调来分别担任会计和保管。他领着二人把没收来的一处布庄改成县支行的营业场所，银行很快挂牌成立、展开业务，还逐渐在县里各区建立起分行。

可是，石城的平静很快被敌机的轰炸打破。敌人误以为这里驻扎着红军主力，派飞机疯狂空投炸弹。出于安全考虑，毛泽覃把办公地点搬到位于石城西北的西华山五龙岩，白天在山洞工作，晚上回县城休息，后来就干脆吃住在山洞里。谁也不知道，此时他的心头还记挂着一件大事——国家银行秘密金库的安危。

这个金库的地址在石城南面与瑞金交界处的张坑村烂泥坑，里面存放着的黄金、银圆、珠宝、纸币是苏维埃政权的全部家底。毛泽覃每次回瑞金向国家银行上交钱款，都要绕道这里查看金库的状况。他在石城建立第一批分行的区域就包括这里，也是为了方便借检查分行工作之机，暗中关注金库的情形。

怎么才能引开敌机，保证金库的安全呢？毛泽覃仔细观察了敌机轰炸的规律，发现门口或墙壁上挂有红布或红辣椒的房屋特别容易吸引火力。原来，敌人认为红军就是以红色为代表的军队，从空中俯瞰，带红色的地标必然是红军驻地。毛泽覃将计就计，在县城附近找了六七个无人居住的废弃村子，将房前屋后挂上几块大红布。这下，敌机以为真的找到了红军主力，把炸弹一股脑地投向村子，县城、支行、金库都安然无恙。

守苏区浴血奋战

经过反复谋划，国民党军于 1933 年 9 月下旬发动了对中央苏区的第五次“围剿”，除了军事打击，还实行了堡垒推进和严密的经济封锁，企图“车干塘水捉鱼”，困死、饿死苏区军民。1934 年春天，苏维埃中央政府为应对日益恶化的财政经济状况，全力支援革命战争，号召开展节省运动。

在这个艰难的时刻，毛泽覃等中共中央机关的23位同志给《红色中华》写了一封公开信，内容如下。

我们是从白区来的，我们在苏区没有分田，但是我们为着革命战争，使我们能在持久战中取得彻底胜利，愿意：

（一）每天节省二两米，使前方红军吃饱，好打胜仗；

（二）今年公家不发我们热天衣服，把这些衣服给新战士穿。

我们要求其他白区来的同志，和在苏区分了田的同志，都同我们一起，来响应红色中华的节省号召！

在中央机关的带动下，苏区党政机关的工作人员、红军指战员以及工人、农民、店员甚至少年儿童都积极参加到节省运动中来，在1934年反“围剿”斗争最激烈、最困难的5月至8月，共节省超过130万元支持前线。

可是，由于中央苏区的“左”倾领导者推行了严重脱离苏区实际的错误作战方针，导致红军一次次失败，苏区土地一天天丧失。广大红军指战员虽浴血奋战，付出重大牺牲，第五次反“围剿”仍然惨遭失败，至1934年10月7日，中央苏区仅剩瑞金、兴国、于都、宁都、长汀、会昌6座核心县城，其中兴国、长汀也已处于敌军炮火威胁之下。中共中央和中央红军被迫撤离中央革命根据地，实施战略转移。

转移前要确定干部走留名单，中央组织局局长李维汉请示中央总负责人博古，是否让在组织局工作的毛泽覃随军突围，博古没有同意。最终，毛泽覃奉命留在中央苏区坚持斗争，毛泽东和毛泽民随红军主力转移。

临别之际，毛泽覃夫妇来到瑞金塔下寺，与大哥、二哥两家人最后一次团聚。因为与前妻周文楠长期失去联系，毛泽覃这时已与贺怡结为夫妻。兄弟3人在屋中对坐，沉默许久，毛泽东缓缓开口：“润菊，经过争取，中央已经批准你大嫂同总卫生部休养连一起出发，只是她现在又有孕在身，毛毛是带不走了。”毛泽覃知道大哥心中苦闷，便故作轻松地笑着说：“把毛毛交给我们吧，保证给你照顾好。”毛泽东犹豫道：“你们两口子还要照顾贺怡的父母，再加上毛毛……”毛泽覃不等大哥说完就抢过话头：“大哥，你真的不用担心，毛毛在我这里最合适，如果情况实在紧张，我会把他托付给信得过的老乡。”

毛泽东看着这个母亲去世前让他一定要好好照顾的小弟，神色黯然：“润菊，我们走后，蒋介石一定会加紧对中央苏区的进攻，你们的处境必然极其险恶。”毛泽覃却淡然以对：“苏区山高林深，是打游击的好地方，敌人没那么容易占到便宜。我记得第一次反‘围剿’的时候，大哥你还写过一副对联，上联就是‘敌进我退，敌驻我扰，敌疲我打，敌退我追，游击战里操胜券’，那时红军也就只有三四万人，不是一样打得反动派抱头鼠窜？”

形势紧迫，没有更多的时间再叙离情。1934年10月10日晚，中共中央、中革军委率红1、红3、红5、红8、红9军团以及中央、军委机关和直属部队共8.6万余人，开始从瑞金等地出发，

往于都河北岸集结，踏上漫漫长征路。

秋风萧瑟，寒鸦哀号。瑞金云石山下，毛泽覃送走了一批又一批远行的战友。中央红军走了，毛泽东、朱德、周恩来都走了，曾经人欢马叫、热火朝天的苏区蓦然安静下来，弥漫着凄凉而悲壮的气氛。当最后一批出征者的身影消失在崎岖的山路上，毛泽覃放下挥舞得有些酸胀的手臂，表情渐渐变得凝重。前两天与大哥告别时，他虽然表现得信心满满，可心里却十分明白，中央苏区眼下的境况远远比不上第一次反“围剿”时期。当时，红一方面军约 4 万人对 10 万国民党军，而现在留在苏区的红军部队，加上各县的独立营、游击队，总共才有 3 万来人，面对的却是国民党 50 万大军铁桶般的围困。

红军主力和中央领导机关转移之后，在中央苏区成立了中国共产党中央分局，项英任书记，陈潭秋任组织部部长，瞿秋白任宣传部部长。中共中央书记处和中革军委还决定成立中央军区，由项英兼任司令员和政治委员。毛泽覃担任了中共中央分局委员和中央军区红军独立师师长，但实际上，该独立师并未来得及组建师指挥机关，而是直接指挥各独立团作战。

中共中央交给中央分局的主要任务是牵制国民党军，掩护红军主力安全突围，同时领导中央苏区及邻近的闽浙赣等苏区开展游击战争，保卫苏区和土地革命成果。

在中共中央分局的领导下，留守红军和苏区民众一面阻击敌军，一面封锁消息，有效迟滞了各路敌军的推进，使主力红军从容抵达湘南地区。可是，中央革命根据地的形势急转直下。即使得知中央红军主力已突围西征，蒋介石还是将 20 余万兵力留在中央苏区周围，加紧向苏区腹地进攻。

兴国陷落！宁都陷落！长汀陷落！红都瑞金陷落！……到 1934 年 11 月底，中央苏区的所有县城均被国民党军占领，中央苏区陷落！

敌人近在咫尺，留守红军必须分散部队，展开灵活的游击战争。而在这之前，首先要疏散安置好留在苏区的红军家属和伤病员。

组织上安排赣南省工会委员长王贤选掩护贺怡的父母去赣州隐蔽，怀有身孕的贺怡也准备带着女儿和毛泽东的儿子毛毛一同前往，同时开展地下工作，毛泽覃护送他们到会昌的白鹅洲码头乘船北上。从他们的住处到码头需得闯过国民党的两道封锁线，风险很大。毛泽覃和贺怡思虑再三，决定先把毛毛留下，安顿在老乡家中，等危险过后再来接。

出发前，毛泽覃做了细致的准备。他找来国民党被俘士兵的军装，和一些战士换上，其余人则扮成民工随行。山区的冬日，天气阴冷潮湿，道路坎坷难行，一行人没等天亮就匆匆上路了。

当他们来到一个叫板坪的小镇时，发现这里驻扎着敌人的保安团。毛泽覃和王贤选等人扮成国民党的“剿匪”部队，摆出一副耀武扬威的架势，不等敌人询问，就把假造的证件甩了过去。保安团的兵丁看他们气焰嚣张，不敢得罪，就稀里糊涂放他们过了关。

大家加快脚步，又走了 20 多里，到达木店镇时，被反动民团拦住去路。民团的一个排长盘问他们的身份，毛泽覃还是用老办法，昂着头不耐烦地说：“我们要去白鹅洲剿匪，还不赶紧带路！”民团排长被他的气势镇住，连忙点头哈腰地在前面领路，走到一半就被战士们“解决”了。

黄昏时分，总算有惊无险地赶到了码头，毛泽覃把岳父、岳母扶上船，贺怡则抱着女儿小英子，和王贤选假扮夫妻，坐上另一条船。分别的时刻到了，毛泽覃亲了亲女儿的小脸蛋，柔声对贺怡说：“怡妹，老人和孩子都托付给你了，你千万要保重啊！”同样经历过革命风雨的贺怡强忍住泪水，低声答应：“你放心，我会把一切都照顾好的。”毛泽覃点点头，最后一次握紧贺怡的双手：“怡妹，无论日子有多难，你都要坚持住，要相信革命一定会胜利的！”

轮船驶离码头，渐渐开远。毛泽覃站在岸边，贺怡站在船头，相互凝望了许久，许久……

送走了亲人，毛泽覃更加义无反顾地投入苏区的斗争。这时的苏区早已被国民党的白色恐怖笼罩，敌人叫嚣着“人要换种，草要过烧，石头要过刀”，实施野蛮的“三光”政策，原先的土豪劣绅、流氓恶霸也卷土重来，组织起“还乡团”“搜山队”，对苏区人民进行疯狂报复和血腥屠杀。大片村镇被抢掠焚烧，成千上万的干部群众惨遭酷刑和杀害。一时间，苏区饿殍遍野、赤地千里。国民党还制定了“一人通匪，十家连坐；一家窝匪，十家同祸”的政策，妄图使红军失去百姓的支持，陷入孤立无援的境地。

国民党军进占中央苏区各县城和交通要点后，加紧构筑碉堡封锁线：一条是广昌—石城—瑞金；一条是广昌—宁都—瑞金—会昌筠门岭；一条是长汀—瑞金；一条是兴国—赣县江口—于都；一条是兴国社富—杰村—于都水头—马安—兴国江背洞。这样，就将中央苏区分割成几个大块。他们又在每个大块的内部构筑纵横交错的封锁线，企图将留在苏区的红军和游击队围困在狭小的区域内，进而分区“清剿”。

重重包围和封锁下，毛泽覃率领红军战士在崇山峻岭间与敌人周旋。没有粮食，就挖竹笋、摘野果充饥；没有住处，就穿着破旧的单衣，睡在风雪交加的林间。但是，无论条件有多艰苦，毛泽覃都坚信，眼前的黑暗终将被未来的光明驱散，人民革命的力量一定会继续发展。一天，部队好不容易突破敌人的包围，战士们精疲力尽、士气低沉，毛泽覃就给大家鼓劲："革命越是处于低潮，形势越是对我不利，我们就越要坚定立场、增强信心！"

有一回，毛泽覃率领部队在瑞金县步权村一带活动，与县里的一支游击队相遇。游击队正要下山，看到毛泽覃的队伍，误以为是敌军，慌忙回撤。毛泽覃高声喊住他们："不要跑，是自己人。"两支队伍会合后，毛泽覃和大家坐在一起休息，向游击队员们传授经验："大家打游击不能慌。我们立场要坚定，但斗争要灵活，遇着敌人，先摸清虚实，打得赢就打，打不赢就走。"

瑞金陷落后，留守部队也曾采取运动战集中兵力打击敌军。当国民党军第3师两个旅由瑞金向会昌孤军冒进时，中共中央分局和中央军区批准集中红24师3个团和福建军区独立团及瑞金、会昌的地方武装，于1934年11月22日在临近会昌的谢坊镇阻击敌人。谢坊镇西南的湾塘岗距会昌县城约10公里，右侧是浓荫蔽日的山峦，左侧是滔滔流淌的瑞金河，只有中间一条大道直通会昌城，是个打伏击战的好地方。毛泽覃率领的中央军区各独立团就负责协助红 24 师在此设下埋伏。时近中午，敌第一梯队进入埋伏圈，红军突然发起猛攻，敌人顿时乱作一团。不到半小时，敌先头旅便被歼过半，另一半夺路而逃。毛泽覃直接指挥的部队击毙敌军一名团长，毙伤敌 100 多人。

这次战斗的胜利虽然打击了国民党军队的嚣张气焰，但远不足以改变敌强我弱的整体态势。1935 年 1 月底，中共中央分局、中央政府办事处等机关被压缩在方圆仅二三十公里的于都县黄龙乡（今黄麟乡）井塘地区。频繁的战斗中，毛泽覃领导的部队也不断减员。

就在这万分危急的时刻，红军主力长征到达遵义，中共中央召开遵义会议，结束了王明“左”倾冒险主义的错误领导。中共中央书记处向中央分局电报传达了会议决议精神，为中央苏区留守部队分散突围、开展游击战争指明了方向，被围困在于都南部的红军官兵开始分成 9 路突围。毛泽覃率 1 个连，作为人数最少的一路，受命突围到福建长汀县四都镇，与福建省委会合。

队伍经过黄龙乡井塘村，毛泽覃之前曾在当地红军家属谢带发家住过一段时间，再次见面格外亲热。午饭时，谢带发多给毛泽覃做了一碗干菜，还特地放了他喜欢吃的辣椒。毛泽覃接过碗，乐呵呵地说："谢谢同志嫂哟，我的口水都快流出来了。"说完又从口袋里掏出5角钱递给谢带发。谢带发连连摆手："这可不行，你们行军作战都是为贫苦人打天下，连自己的性命都不顾，我也是红属，怎好收一碗干菜钱？"毛泽覃硬是把钱塞进谢带发手里："大嫂，我们红军是有纪律的，买卖公平。你不收钱，我可不吃了。"谢带发没法，只得收下，毛泽覃才津津有味地吃起来。

毛泽覃带着100多人的部队，机动灵活地穿山越岭、趟溪涉涧，到达长汀四都，与福建省委书记兼军区政委万永诚、福建军区司令员龙腾云率领的机关部队会合整编。

当时福建省党政机关和部队的处境也十分危险，都被围困在四都山上的狭小圈子里。毛泽覃周密分析了形势，根据遵义会议后中共中央指示苏区"坚持游击战争"的电报精神，向省委和军区建议放弃四都，将部队编成几个支队，四处袭击敌人，领导中心则退到闽粤赣边的深山中去。

他反复做省委书记万永诚的工作：“咱们不能死守在山上，要率领部队下山去，开展游击战争。”可万永诚却始终不同意，仍然把军区直辖的两个主力团埋伏在山上，希望在敌人来犯时打一个漂亮的歼灭战，彻底扭转不利局面。

国民党军很快发起大举进攻，尽管毛泽覃等人指挥红军将士们英勇抗击，但由于兵力悬殊，部队还是被打散，在汀南腊口陷入敌人的重重包围。省委决定将现有兵力分为3支游击队，从腊口西分水凹突围，第一支队向南，到粤赣边打游击；第二支队向东，在长汀东部相机行动；毛泽覃率领第三支队向北，到瑞金一带与当地游击队会合。毛泽覃提出：“让第一、第二支队先撤，我率第三支队掩护！”

战斗打得很激烈，毛泽覃身边的战友一个接一个倒下，他们用鲜血和生命为第一、第二支队争取到极其宝贵的时间，使战友们得以突出重围。之后，毛泽覃带队朝敌兵力较薄弱的方向机动，打出一个口子，冲出了包围圈。

当他们继续向西转移到会昌田心时，再次与敌军遭遇。具有丰富游击战争经验的毛泽覃带领战士们迂回穿插。敌人总结了三条“追剿”红军的所谓经验：听响动、看烟火、跟足迹，毛泽覃就随机应变，让大家在行军时尽量不发出声响，如果需要联络，就敲毛竹、学鸟叫；宿营时不生明火，饿了吃炒米，渴了饮山泉；确定路线时首选荆棘丛生的深山密林……就这样，他们把围追堵截的敌军甩在身后，沿武夷山分水岭一路北上，来到长汀与瑞金交界的大山之中。

05 红林热血

虽然已是暮春时节，但山中树高林密，白天还偶尔有几道日光从枝叶的缝隙间洒下，夜晚则完全被黑暗笼罩，看不见半点星光，只能听到凄厉的风声和夜枭惊悚的鸣叫。这时，毛泽覃身边只剩下十几名战士，干粮也都吃完了，而敌人还在像篦头发一样一遍遍地搜山。作为这支小队的领头羊，毛泽覃必须思考如何坚持斗争，如何设法找到红军的其他部队。

当务之急是先想办法填饱肚子，战士们已经饿了好几天，身体弱一点的连走路的力气都快没有了。等到夜幕降临，毛泽覃派出3名战士：“你们现在悄悄下山，看能不能找到老乡，买点儿吃的。”3人立刻动身，来到山脚，却发现村庄里空无一人。原来，国民党为了彻底隔绝红军与群众的联系，推行“移民并村”政策，把山里的老百姓全都迁走了。3 名战士四处搜寻，好不容易在一户人家的地窖里找到些芋头。他们喜出望外，留下一些钱，把芋头带回山上，大伙儿在一个废弃的破纸槽里生起火来烤芋头。南方春季多雨，山里又少见阳光，木板都是湿的，火怎么也烧不旺，烤了半天，芋头还是半生不熟，但战士们却吃得分外香甜。

吃完芋头，大家围坐在崖边休息。毛泽覃开口道：“同志们，我们目前的境况非常艰难，今后的斗争也将极其艰苦、极其曲折，大家说怎么办？”

听了他的问题，有人沉默不语，也有人脱口而出：“跟反动派干到底！”

毛泽覃环顾周围，声音增添了几分坚毅：“是的，不论敌人多残暴，我们都要同他们斗争下去。苦难和失败是暂时的，国民党反动派注定灭亡，最后的胜利一定属于我们。就像现在，虽然是漫长的黑夜，但不需要太久，一定会迎来黎明的曙光！”说到这里，他抬起头，眼神仿佛要穿透无边的黑暗：“光明就在前方。为了这光明，我们要继续战斗，战斗到最后一个人、最后一口气、最后一滴血！”

毛泽覃带领同志们在闽赣边界的大山里转战10余日，却一直没能找到当地的游击队。1935年4月25日，他们来到瑞金黄鳝口附近的红林山区。

傍晚时分，这支极度饥饿、疲惫的队伍走进一个叫黄田坑的小村庄。村里罕见人迹，几处残破的土屋摇摇欲坠，间或不知从哪儿传来几声凄厉的狗叫。毛泽覃举目四望，竟然发现有一家的屋顶升起了炊烟。他们过去叫门，开门的老汉先是面露惊恐：“你们，你们是……”毛泽覃赶紧温和地说：“老人家，你别怕，我们是红军，想在您这儿歇歇脚。”老汉上下打量他们的衣着，发现真是红军，连忙把他们迎进屋。屋里还有一个十五六岁的男孩儿，是这老汉的儿子，父子俩正打算生火做饭。

其实，经过国民党三番五次的“清剿”，村里的牲口、粮食几乎被抢光了，大多数村民逃往他乡，老汉家的日子也十分穷苦。可他还是拿出家里仅剩的口粮，给毛泽覃他们做了一顿饭。吃过饭，老汉悄悄对毛泽覃说：“村里不安生，说不好什么时候就有人来搜查，一会儿让我家这小子领你们上山去住。”

毛泽覃再三谢了老汉，和战士们跟着老汉的儿子到山顶的一间纸槽小屋过夜。小屋地处僻静，前后都有门，房前是一条峡谷、几块水田，屋后是连绵的群山，一道山泉从山中跃出，冲向峡谷，泉水敲击着山石，声音清脆悠扬。毛泽覃与战士们顾不上休息，抓紧时间商讨如何尽快打开出路，找到中央分局的队伍。

深夜，毛泽覃叫来一名姓杨的战士：“我们的人枪太少，很难和国民党军对抗。陶古游击队应该驻扎在杉背坑，你现在就去设法找到他们，请他们来这里会合，一起攻打国民党的黎子岗炮楼，我们从那里冲出去。”小杨微一点头，转身出了小屋的后门，消失在群山之中。毛泽覃仍然毫无睡意，只在干草堆上闭目养神，到 4 月 26 日凌晨时分，又叫醒一名姓何的战士，派他下山侦察敌情。

时间一分一秒地过去，天光渐渐亮了起来，可是派出去的战士仍然没有回转。不知又等了多久，毛泽覃依稀听到屋外传来枪声。他警觉地一跃而起，朝窗外张望，发现竟有大约一个排的敌兵带

着机枪朝纸槽小屋包围上来。此时已来不及分析是哪里出了岔子，毛泽覃立即命令其他战士：“快，向后山撤退，我掩护！”战士们不肯，他着急地低吼：“没时间了，听指挥！”战士们这才向外冲去。

部分战士突围后，敌人已经完全封锁了前门，一个敌兵窜进屋来，端起枪瞄准毛泽覃。毛泽覃飞起一脚，把他踹翻在地。另一个敌兵偷偷绕到后门，毛泽覃听到动静，跳出门外，转身准备射击，敌人却抢先扣动了扳机——一发罪恶的子弹射进了毛泽覃的胸膛！

英雄倒下了，鲜血染红了身下的土地，激荡的山风卷起阵阵松涛，仿佛发出悲愤的咆哮！

敌人在毛泽覃的身上搜出了一份共产党员党证以及毛泽东与朱德的照片，它们已经被烈士的热血染得殷红。而就在毛泽覃牺牲的这一天，他一直记挂的党中央、一直惦念的大哥毛泽东和朱德司令员，已经带领中央红军进抵滇东北，准备北渡金沙江。再过几天，国民党数十万“追剿”部队将被甩在金沙江以南，中央红军将取得战略转移的决定性胜利！

06 尾声

英雄的生命静止了，但英雄的故事还没有完结。时间的齿轮转动到1974年，又是一个草长莺飞的四月，有村民在红林山间劳作时，于毛泽覃牺牲的小屋附近发现一枚小小的奖章。奖章的形状是两枚五角星交错而成的星花，正面是五角星与禾穗组成的圆形图案，围绕五角星标有“红星章”3字；背面从右向左竖书“中央革命军事委员会二等红星奖章　一九三三、八一”，底部横书“第26号”。

这不是一枚普通的奖章，而是中央革命军事委员会颁发的红星奖章，是第一次以中革军委名义授予指战员的全军性奖章。红星奖章分为一、二、三等，只在1933年和1934年的“八一”各颁发了一次，总共不到200枚，每一枚都有专属的编号。其中，二等红星奖章为银质，是颁发给“在某一战役当中曾经转移战局而获得伟大胜利的”红军指战员。1933 年 8 月 1 日，人民军队的第一个建军节，毛泽覃在江西瑞金被光荣授予了二等红星奖章。人们愿意相信，这枚编号“26”的奖章正是属于他！

这枚珍贵的奖章为什么会在草丛里沉睡了 39 年，已无从知晓。在这 39 年里，它经风霜、历雨雪，却没有改变当初的模样，字迹依然清晰，红星依然闪亮，就像它的主人，为祖国和人民的解放流尽最后一滴血，长眠在这片可爱的土地上，他光辉的形象，他和他的战友们所代表的“坚定信念、求真务实、一心为民、清正廉洁、艰苦奋斗、争创一流、无私奉献”的苏区精神，永远在革命老区、在中华大地上熠熠生辉，永远在共和国的史册上大放光芒！

毛泽覃牺牲后，最早得知消息的亲人是他的妻子贺怡。贺怡与毛泽覃分别，前往赣州后，一直在当地领导开展党的地下斗争，并于 1935 年 2 月生下了儿子贺麓成（又名毛岸成）。1935 年

5 月，护送她转移的王贤选给她带来毛泽覃牺牲的噩耗，她虽极度悲痛，但仍坚持工作，直至革命胜利。从未见过父亲的贺麓成自小勤奋好学、沉稳谦逊，从上海交通大学毕业后，成为中国第一批导弹工程师，参与研制了我国第一颗导弹，对我国人造卫星、洲际导弹的研制也作出了重要贡献，1980 年在中国人民解放军总参系统第一个被评上高级职称，证书编号为“001 号”，可谓“将门虎子”。

1935 年 10 月，中央红军长征到达陕北。毛泽覃的大哥毛泽东、二哥毛泽民这才辗转得到小弟牺牲的消息。毛泽东黯然神伤，沉痛地对毛泽民说：“母亲在世时，曾把我召到床前，说她最不放心的是润菊，要我们照料好他，可是我没有做到。他还不到 30 岁啊……”后来，毛泽东很多次与亲人和身边的工作人员谈及这个自己最疼爱的小弟，总是说“我的弟弟是个坚定的共产主义战士”，“润菊是为革命牺牲的，他的精神不朽，值得我们活着的人思念”……

新中国成立后，党和政府为了纪念毛泽覃烈士，收集整理了毛泽覃在苏区革命活动中用过的物品、相关的图片等，陈列在瑞金革命烈士纪念馆。毛泽覃烈士的牺牲地——原瑞金安治公社改名为泽覃公社，现为泽覃乡；原红林大队改名为泽覃大队，现为泽覃村。从瑞金城南出发，一条笔直的泽覃大道直通泽覃乡。

1985年6月，毛泽覃纪念碑在迁址重建的瑞金革命烈士纪念馆馆区破土动工，1986年4月与纪念馆同时落成。松柏环绕之中，3米高的毛泽覃全身铜像稳稳地站立在2.4米高的大理石碑座上，烈士一身戎装、英气勃发，右手紧紧握拳，双目坚毅地望着前方。碑的正面是邓小平题写的“毛泽覃同志纪念碑”8个大字，背面刻有400余字碑文，介绍了毛泽覃烈士光辉的一生，开篇写着：“毛泽覃同志是中国共产党的优秀党员，中国工农红军的优秀指挥员，坚强的共产主义战士。”

世事沧桑，关于毛泽覃烈士牺牲前后的细节以及烈士遗骨所在，民间流传着不同的说法，如今已难一一考证，但无论烈士最终血洒何处、埋骨何方，都不可能改变他为了中国人民的解放事业和共产主义的美好未来奉献一生的事实，不可能改变他追求革命真理、不怕流血牺牲的崇高精神。2009年，为庆祝中华人民共和国成立60周年，中宣部等11个部门联合组织开展评选“100位为新中国成立作出突出贡献的英雄模范人物和100位新中国成立以来感动中国人物”活动，毛泽覃入选“100位为新中国成立作出突出贡献的英雄模范人物”。

后　记

“崇尚英雄才会产生英雄，争做英雄才能英雄辈出。”这是新中国成立70周年之际，习近平总书记在国家勋章和国家荣誉称号颁授仪式上掷地有声的讲话。毛泽覃同志在我党我军的早期建设中立下了汗马功劳，是为新中国成立作出突出贡献的英雄。我们今天纪念毛泽覃同志，不仅要了解他的光辉事迹，更要学习他坚定如磐的理想信念、百折不挠的意志品质、敢打必胜的战斗精神、为国牺牲的碧血丹心，把对英雄的敬仰化作源源不竭的动力，在祖国建设的各条战线上奋勇向前。

在本书编写过程中，得到军事科学院军队政治工作研究院领导和机关的大力支持。成稿之后，还请康月田、李博、岳思平、徐占权等多位专家学者进行了审读。

主要参考的书籍和资料有：《中国人民解放军军史》《井冈山革命根据地全史》《中央苏区史》《解放军将领传》《土地革命战争时期各地武装起义·江西地区》《赣南英烈》《井冈山革命根据地史料大全》《井冈山革命博物馆故事》《中共党史人物传》《毛泽东三兄弟》等。随着阅读和写作的深入，毛泽覃烈士的形象越来越清晰、越来越丰满，笔者仿佛穿过时间的尘沙，去到那个血与火的年代，陪伴烈士度过戎马倥偬的短暂一生；仿佛越过空间的阻隔，站在赣南的茫茫大山中，感受烈士永不消散的气息和精神。

愿浩渺的历史长河中，红星不灭、精神永传！

在此，谨向给予关心和帮助的各位领导、专家学者，以及上述文献资料作者、编辑致以最诚挚的谢意！

图书在版编目（CIP）数据

毛泽覃 / 军事科学院解放军党史军史研究中心编. 北京 ： 学习出版社， 2025. 6. -- (中华先烈人物故事汇). -- ISBN 978-7-5147-1358-9

Ⅰ. K827=6

中国国家版本馆CIP数据核字第2025SK5264号

毛泽覃

MAO ZETAN

军事科学院解放军党史军史研究中心

责任编辑：彭绍骏　　封面绘画：刘书移
技术编辑：刘　硕　　内文插图：韩新维
美术编辑：杨　洪　　装帧设计：映　谷

出版发行：学习出版社
北京市东城区崇外大街11号新成文化大厦B座11层（100062）
010-66063020　010-66061634　010-66061646
网　　址：http://www.xuexiph.cn
经　　销：新华书店
印　　刷：河北鹏润印刷有限公司

开　　本：787毫米×1092毫米　1/32
印　　张：5.125
字　　数：66千字
版次印次：2025年6月第1版　2025年6月第1次印刷

书　　号：ISBN 978-7-5147-1358-9
定　　价：22.00元